TRANZLATY

El idioma es para todos

Dil herkes içindir

El Manifiesto Comunista

Komünist Manifesto

Karl Marx
&
Friedrich Engels

Español / Türkçe

Published by Tranzlaty
ISBN: 978-1-80572-443-8
Original text by Karl Marx and Friedrich Engels
The Communist Manifesto
First published in 1848
www.tranzlaty.com

Introducción
Giriş

Un fantasma acecha a Europa: el fantasma del comunismo
Avrupa'ya bir hayalet musallat oluyor - Komünizm hayaleti

Todas las potencias de la vieja Europa han entrado en una santa alianza para exorcizar este fantasma
Eski Avrupa'nın tüm güçleri, bu hayaleti kovmak için kutsal bir ittifaka girdiler

El Papa y el Zar, Metternich y Guizot, los radicales franceses y los espías de la policía alemana
Papa ve Çar, Metternich ve Guizot, Fransız Radikalleri ve Alman polis casusları

¿Dónde está el partido en la oposición que no ha sido tachado de comunista por sus adversarios en el poder?
İktidardaki muhalifleri tarafından Komünist olarak kınanmayan muhalefetteki parti nerede?

¿Dónde está la Oposición que no haya devuelto el reproche de marca al comunismo contra los partidos de oposición más avanzados?
Daha ileri muhalefet partilerine karşı Komünizmin damgasını vurmayan Muhalefet nerede?

¿Y dónde está el partido que no ha hecho la acusación contra sus adversarios reaccionarios?
Ve gerici hasımlarına karşı suçlamada bulunmayan parti nerede?

Dos cosas resultan de este hecho
Bu gerçekten iki şey ortaya çıkar

I. El comunismo es ya reconocido por todas las potencias europeas como una potencia en sí misma
I. Komünizm, tüm Avrupa güçleri tarafından kendisinin bir güç olduğu kabul edilmiştir

II. Ya es hora de que los comunistas publiquen abiertamente, a la vista de todo el mundo, sus puntos de vista, sus objetivos y sus tendencias

II. Komünistlerin görüşlerini, amaçlarını ve eğilimlerini tüm dünyanın gözü önünde açıkça yayınlamalarının zamanı gelmiştir

deben hacer frente a este cuento infantil del Espectro del Comunismo con un Manifiesto del propio partido

Komünizm Hayaleti'nin bu çocuk masalını partinin kendisinin bir Manifestosu ile karşılamalılar.

Con este fin, comunistas de diversas nacionalidades se han reunido en Londres y han esbozado el siguiente Manifiesto

Bu amaçla, çeşitli milliyetlerden komünistler Londra'da toplandılar ve aşağıdaki Manifesto'yu çizdiler

El presente manifiesto se publicará en inglés, francés, alemán, italiano, flamenco y danés

bu manifesto İngilizce, Fransızca, Almanca, İtalyanca, Flamanca ve Danca dillerinde yayınlanacaktır

Y ahora se publicará en todos los idiomas que ofrece Tranzlaty

Ve şimdi Tranzlaty'nin sunduğu tüm dillerde yayınlanacak

La burguesía y los proletarios
Burjuvalar ve Proleterler

La historia de todas las sociedades existentes hasta ahora es la historia de las luchas de clases

Şimdiye kadar var olan tüm toplumların tarihi, sınıf mücadelelerinin tarihidir

Hombre libre y esclavo, patricio y plebeyo, señor y siervo, maestro de gremio y oficial

Hür ve köle, aristokrat ve pleb, lord ve serf, lonca ustası ve kalfa

en una palabra, opresor y oprimido

tek kelimeyle, ezen ve ezilen

Estas clases sociales estaban en constante oposición entre sí

Bu sosyal sınıflar sürekli olarak birbirlerine karşı duruyorlardı

Llevaron a cabo una lucha ininterrumpida. Ahora oculto, ahora abierto

Kesintisiz bir mücadele sürdürdüler. Şimdi gizli, şimdi açık

una lucha que terminó en una reconstitución revolucionaria de la sociedad en general

ya toplumun genel olarak devrimci bir şekilde yeniden kurulmasıyla sonuçlanan bir kavga

o una lucha que terminó en la ruina común de las clases contendientes

ya da çatışan sınıfların ortak yıkımıyla sonuçlanan bir kavga

Echemos la vista atrás a las épocas anteriores de la historia

Tarihin daha önceki dönemlerine bakalım

Encontramos casi en todas partes una complicada organización de la sociedad en varios órdenes

Hemen hemen her yerde, toplumun çeşitli düzenler halinde karmaşık bir şekilde düzenlendiğini görüyoruz

Siempre ha habido una múltiple gradación de rango social

Her zaman çok yönlü bir sosyal rütbe derecesi olmuştur

En la antigua Roma tenemos patricios, caballeros, plebeyos, esclavos

Antik Roma'da patrisyenler, şövalyeler, plebler, köleler var

en la Edad Media: señores feudales, vasallos, maestros de gremios, oficiales, aprendices, siervos

Orta Çağ'da: feodal beyler, vasallar, lonca ustaları, kalfalar, çıraklar, serfler

En casi todas estas clases, de nuevo, las gradaciones subordinadas

Bu sınıfların hemen hepsinde, yine, alt dereceler

La sociedad burguesa moderna ha brotado de las ruinas de la sociedad feudal

Modern Burjuva toplumu, feodal toplumun yıkıntılarından filizlenmiştir

Pero este nuevo orden social no ha eliminado los antagonismos de clase

Ancak bu yeni toplumsal düzen, sınıf karşıtlıklarını ortadan kaldırmadı

No ha hecho más que establecer nuevas clases y nuevas condiciones de opresión

Sadece yeni sınıflar ve yeni baskı koşulları yarattı

Ha establecido nuevas formas de lucha en lugar de las antiguas

Eskilerin yerine yeni mücadele biçimleri kurmuştur

Sin embargo, la época en la que nos encontramos posee un rasgo distintivo

Bununla birlikte, kendimizi içinde bulduğumuz çağın ayırt edici bir özelliği vardır

la época de la burguesía ha simplificado los antagonismos de clase

Burjuvazi çağı, sınıf karşıtlıklarını basitleştirdi

La sociedad en su conjunto se divide cada vez más en dos grandes campos hostiles

Toplum bir bütün olarak giderek iki büyük düşman kampa bölünüyor

dos grandes clases sociales enfrentadas directamente: la burguesía y el proletariado

doğrudan karşı karşıya gelen iki büyük toplumsal sınıf: Burjuvazi ve Proletarya

De los siervos de la Edad Media surgieron los burgueses de las primeras ciudades
Orta Çağ'ın serflerinden, en eski şehirlerin imtiyazlı kasabalıları ortaya çıktı

A partir de estos burgueses se desarrollaron los primeros elementos de la burguesía
Bu burgeslerden Burjuvazinin ilk unsurları geliştirildi

El descubrimiento de América y el doblamiento del Cabo
Amerika'nın keşfi ve Cape'in yuvarlanması

estos acontecimientos abrieron un nuevo terreno para la burguesía en ascenso
bu olaylar yükselen burjuvazi için yeni bir zemin açtı

Los mercados de las Indias Orientales y China, la colonización de América, el comercio con las colonias
Doğu-Hindistan ve Çin pazarları, Amerika'nın sömürgeleştirilmesi, sömürgelerle ticaret

el aumento de los medios de cambio y de las mercancías en general
Değişim araçlarındaki ve genel olarak metalardaki artış

Estos acontecimientos dieron al comercio, a la navegación y a la industria un impulso nunca antes conocido
Bu olaylar ticarete, denizciliğe ve endüstriye daha önce hiç bilinmeyen bir ivme kazandırdı

Dio un rápido desarrollo al elemento revolucionario en la tambaleante sociedad feudal
sendeleyen feodal toplumdaki devrimci unsura hızlı bir gelişme sağladı

Los gremios cerrados habían monopolizado el sistema feudal de producción industrial
Kapalı loncalar, feodal endüstriyel üretim sistemini tekelleştirmişti

Pero esto ya no bastaba para satisfacer las crecientes necesidades de los nuevos mercados
Ancak bu, yeni pazarların artan istekleri için artık yeterli değildi

El sistema manufacturero sustituyó al sistema feudal de la industria

Üretim sistemi, feodal sanayi sisteminin yerini aldı

Los maestros de gremio fueron empujados a un lado por la clase media manufacturera

Lonca ustaları, manüfaktür orta sınıfı tarafından bir tarafa itildi

La división del trabajo entre los diferentes gremios corporativos desapareció

Farklı şirket loncaları arasındaki işbölümü ortadan kalktı

La división del trabajo penetraba en cada uno de los talleres

İş bölümü her bir atölyeye nüfuz etti

Mientras tanto, los mercados seguían creciendo y la demanda seguía aumentando

Bu arada, pazarlar sürekli büyümeye ve talep artmaya devam etti

Ni siquiera las fábricas bastaban para satisfacer las demandas

Fabrikalar bile artık talepleri karşılamaya yetmiyordu

A partir de entonces, el vapor y la maquinaria revolucionaron la producción industrial

Bunun üzerine buhar ve makineler endüstriyel üretimde devrim yarattı

El lugar de la manufactura fue ocupado por el gigante, la Industria Moderna

Üretim yeri dev, Modern Endüstri tarafından alındı

El lugar de la clase media industrial fue ocupado por millonarios industriales

Endüstriyel orta sınıfın yerini sanayi milyonerleri aldı

el lugar de los jefes de ejércitos industriales enteros fue ocupado por la burguesía moderna

bütün sanayi ordularının liderlerinin yerini modern burjuvazi aldı

el descubrimiento de América allanó el camino para que la industria moderna estableciera el mercado mundial

Amerika'nın keşfi, modern endüstrinin dünya pazarını kurmasının yolunu açtı

Este mercado dio un inmenso desarrollo al comercio, la navegación y la comunicación por tierra

Bu pazar, kara yoluyla ticaret, denizcilik ve iletişime muazzam bir gelişme sağladı

Este desarrollo ha repercutido, en su momento, en la extensión de la industria

Bu gelişme, zamanında, sanayinin genişlemesine tepki gösterdi

Reaccionó en proporción a cómo se extendía la industria, y cómo se extendían el comercio, la navegación y los ferrocarriles

Sanayinin nasıl genişlediği ve ticaretin, navigasyonun ve demiryollarının nasıl genişlediği ile orantılı olarak tepki verdi

en la misma proporción en que la burguesía se desarrolló, aumentó su capital

Burjuvazinin geliştiği oranda, sermayelerini artırdılar

y la burguesía relegó a un segundo plano a todas las clases heredadas de la Edad Media

ve Burjuvazi, Orta Çağ'dan kalan her sınıfı geri plana itti

por lo tanto, la burguesía moderna es en sí misma el producto de un largo curso de desarrollo

bu nedenle modern burjuvazinin kendisi uzun bir gelişme sürecinin ürünüdür

Vemos que es una serie de revoluciones en los modos de producción y de intercambio

Bunun, üretim ve değişim tarzlarında bir dizi devrim olduğunu görüyoruz

Cada paso de la burguesía desarrollista iba acompañado de un avance político correspondiente

Burjuvazinin her kalkınmacı adımına, buna karşılık gelen bir siyasi ilerleme eşlik etti

Una clase oprimida bajo el dominio de la nobleza feudal

Feodal soyluların egemenliği altında ezilen bir sınıf

una asociación armada y autónoma en la comuna medieval

Ortaçağ komününde silahlı ve kendi kendini yöneten bir dernek

aquí, una república urbana independiente (como en Italia y Alemania)

burada bağımsız bir kentsel cumhuriyet (İtalya ve Almanya'da olduğu gibi)

allí, un "tercer estado" imponible de la monarquía (como en Francia)

orada, monarşinin vergilendirilebilir bir "üçüncü mülkü" (Fransa'da olduğu gibi)

posteriormente, en el período de fabricación propiamente dicho

daha sonra, uygun üretim döneminde

la burguesía servía a la monarquía semifeudal o a la monarquía absoluta

Burjuvazi ya yarı-feodal ya da mutlak monarşiye hizmet etti

o la burguesía actuaba como contrapeso contra la nobleza

ya da Burjuvazi soylulara karşı bir denge unsuru olarak hareket etti

y, de hecho, la burguesía era una piedra angular de las grandes monarquías en general

ve aslında Burjuvazi genel olarak büyük monarşilerin köşe taşıydı

pero la industria moderna y el mercado mundial se establecieron desde entonces

ama Modern Sanayi ve dünya pazarı o zamandan beri kendini kanıtladı

y la burguesía ha conquistado para sí el dominio político exclusivo

ve Burjuvazi kendisi için özel siyasi egemenliği fethetti

logró esta influencia política a través del Estado representativo moderno

bu siyasi hakimiyeti modern temsili Devlet aracılığıyla elde etti

Los ejecutivos del Estado moderno no son más que un comité de gestión

Modern devletin yöneticileri sadece bir yönetim komitesidir
y manejan los asuntos comunes de toda la burguesía
ve tüm burjuvazinin ortak işlerini yönetirler
**La burguesía, históricamente, ha desempeñado un papel
muy revolucionario**
Burjuvazi, tarihsel olarak, en devrimci rolü oynamıştır
**Dondequiera que se impuso, puso fin a todas las relaciones
feudales, patriarcales e idílicas**
Üstünlüğü ele geçirdiği her yerde, tüm feodal, ataerkil ve
pastoral ilişkilere son verdi
**Ha roto sin piedad los abigarrados lazos feudales que unían
al hombre con sus "superiores naturales"**
İnsanı "doğal üstünlerine" bağlayan rengarenk feodal bağları
acımasızca parçaladı
**y no ha dejado ningún nexo entre el hombre y el hombre,
más allá del puro interés propio**
ve insanla insan arasında, çıplak kişisel çıkar dışında hiçbir
bağ bırakmamıştır
**Las relaciones del hombre entre sí se han convertido en nada
más que un cruel "pago en efectivo"**
İnsanın birbiriyle olan ilişkileri, duygusuz bir "nakit
ödeme"den başka bir şey değildir
Ha ahogado los éxtasis más celestiales del fervor religioso
Dinsel coşkunun en ilahi coşkusunu boğdu
**ha ahogado el entusiasmo caballeresco y el sentimentalismo
filisteo**
şövalye coşkusunu ve dar kafalı duygusallığı boğdu
ha ahogado estas cosas en el agua helada del cálculo egoísta
Bu şeyleri bencil hesaplamanın buzlu suyunda boğdu
Ha resuelto el valor personal en valor de cambio
Kişisel değeri değiştirilebilir değere dönüştürdü
**Ha sustituido a las innumerables e imprescriptibles
libertades estatutarias**
sayısız ve uygulanamaz imtiyazlı özgürlüklerin yerini aldı
**y ha establecido una libertad única e inconcebible; Libre
cambio**

ve tek, vicdansız bir özgürlük kurmuştur; Serbest Ticaret
En una palabra, lo ha hecho para la explotación
Tek kelimeyle, bunu sömürü için yaptı
explotación velada por ilusiones religiosas y políticas
Dini ve siyasi yanılsamalarla örtülmüş sömürü
**explotación velada por una explotación desnuda,
desvergonzada, directa, brutal**
çıplak, utanmaz, doğrudan, acımasız sömürü ile örtülmüş
sömürü
**la burguesía ha despojado de la aureola a todas las
ocupaciones anteriormente honradas y veneradas**
Burjuvazi, daha önce onurlandırılan ve saygı duyulan her
mesleğin üzerindeki haleyi sıyırdı
**el médico, el abogado, el sacerdote, el poeta y el hombre de
ciencia**
hekim, avukat, rahip, şair ve bilim adamı
**Ha convertido a estos distinguidos trabajadores en sus
trabajadores asalariados**
Bu seçkin işçileri ücretli emekçilere dönüştürdü
La burguesía ha rasgado el velo sentimental de la familia
Burjuvazi aileden duygusal perdeyi yırttı
**y ha reducido la relación familiar a una mera relación
monetaria**
ve aile ilişkisini sadece bir para ilişkisine indirgemiştir
**el brutal despliegue de vigor en la Edad Media que tanto
admiran los reaccionarios**
Orta Çağ'da Gericilerin çok hayran olduğu acımasız canlılık
gösterisi
**Aun esto encontró su complemento adecuado en la más
perezosa indolencia**
Bu bile en tembel tembellikte uygun tamamlayıcısını buldu
La burguesía ha revelado cómo sucedió todo esto
Burjuvazi tüm bunların nasıl gerçekleştiğini açıkladı
**La burguesía ha sido la primera en mostrar lo que la
actividad del hombre puede producir**

Burjuvazi, insan etkinliğinin neler getirebileceğini ilk gösteren olmuştur

Ha logrado maravillas que superan con creces las pirámides egipcias, los acueductos romanos y las catedrales góticas

Mısır piramitlerini, Roma su kemerlerini ve Gotik katedralleri çok aşan harikalar yarattı

y ha llevado a cabo expediciones que han hecho sombra a todos los antiguos Éxodos de naciones y cruzadas

ve ulusların ve haçlı seferlerinin tüm eski Exodus'larını gölgede bırakan seferler düzenledi

La burguesía no puede existir sin revolucionar constantemente los instrumentos de producción

Burjuvazi, üretim araçlarını sürekli devrimcileştirmeden var olamaz

y, por lo tanto, no puede existir sin sus relaciones con la producción

ve bu nedenle üretimle ilişkileri olmadan var olamaz

y, por lo tanto, no puede existir sin sus relaciones con la sociedad

ve bu nedenle toplumla ilişkileri olmadan var olamaz

Todas las clases industriales anteriores tenían una condición en común

Daha önceki tüm sanayi sınıflarının ortak bir koşulu vardı

Confiaban en la conservación de los antiguos modos de producción

Eski üretim tarzlarının korunmasına güveniyorlardı

pero la burguesía trajo consigo una dinámica completamente nueva

ama burjuvazi beraberinde yepyeni bir dinamik getirdi

Revolucionar constantemente la producción y perturbar ininterrumpidamente todas las condiciones sociales

Üretimin sürekli devrimcileştirilmesi ve tüm toplumsal koşulların kesintisiz olarak bozulması

esta eterna incertidumbre y agitación distingue a la época burguesa de todas las anteriores

bu sonsuz belirsizlik ve çalkantı, burjuvazi çağını daha önceki tüm çağlardan ayırır

Las relaciones previas con la producción vinieron acompañadas de antiguos y venerables prejuicios y opiniones

Üretimle önceki ilişkiler, eski ve saygıdeğer önyargılar ve görüşlerle geldi

Pero todas estas relaciones fijas y congeladas son barridas

Ancak tüm bu sabit, hızlı donmuş ilişkiler süpürüldü

Todas las relaciones recién formadas se vuelven anticuadas antes de que puedan osificarse

Tüm yeni kurulan ilişkiler, kemikleşmeden önce eskimiş hale gelir

Todo lo que es sólido se derrite en el aire, y todo lo que es santo es profanado

Katı olan her şey havaya karışır ve kutsal olan her şey dünyevileşir

El hombre se ve finalmente obligado a afrontar con sus sentidos sobrios sus verdaderas condiciones de vida

İnsan sonunda ayık duyularla, gerçek yaşam koşullarıyla yüzleşmek zorunda kalır

y se ve obligado a afrontar sus relaciones con los de su especie

ve kendi türüyle olan ilişkileriyle yüzleşmek zorunda kalır

La burguesía necesita constantemente ampliar sus mercados para sus productos

Burjuvazi, ürünleri için pazarlarını sürekli olarak genişletme ihtiyacı duyar

y, debido a esto, la burguesía es perseguida por toda la superficie del globo

ve bu nedenle, Burjuvazi dünyanın tüm yüzeyinde kovalanır

La burguesía debe anidar en todas partes, establecerse en todas partes, establecer conexiones en todas partes

Burjuvazi her yere yerleşmeli, her yere yerleşmeli, her yerde bağlantılar kurmalıdır

La burguesía debe crear mercados en todos los rincones del mundo para explotar

Burjuvazi dünyanın her köşesinde sömürmek için pazarlar yaratmalıdır

La producción y el consumo en todos los países han adquirido un carácter cosmopolita

Her ülkede üretim ve tüketime kozmopolit bir karakter kazandırılmıştır

el disgusto de los reaccionarios es palpable, pero ha continuado a pesar de todo

Gericilerin üzüntüsü aşikardır, ancak ne olursa olsun devam etmiştir

La burguesía ha sacado de debajo de los pies de la industria el terreno nacional en el que se encontraba

Burjuvazi, üzerinde durduğu ulusal zemini sanayinin ayaklarının altından çekmiştir

Todas las industrias nacionales de vieja data han sido destruidas, o están siendo destruidas diariamente

Tüm eski ulusal endüstriler yok edildi ya da her gün yok ediliyor

Todas las viejas industrias nacionales son desplazadas por las nuevas industrias

Tüm eski yerleşik ulusal endüstriler yeni endüstriler tarafından yerinden edildi

Su introducción se convierte en una cuestión de vida o muerte para todas las naciones civilizadas

Onların tanıtımı tüm uygar uluslar için bir ölüm kalım meselesi haline gelir

son desalojados por industrias que ya no trabajan con materia prima autóctona

Artık yerli hammadde üretmeyen endüstriler tarafından yerinden ediliyorlar

En cambio, estas industrias extraen materias primas de las zonas más remotas

Bunun yerine, bu endüstriler hammaddeleri en uzak bölgelerden çekiyor

industrias cuyos productos se consumen, no solo en el país, sino en todos los rincones del mundo
Ürünleri sadece evde değil, dünyanın her çeyreğinde tüketilen endüstriler
En lugar de las viejas necesidades, satisfechas por las producciones del país, encontramos nuevas necesidades
Ülkenin üretimleriyle tatmin edilen eski isteklerin yerine yeni istekler buluyoruz
Estas nuevas necesidades requieren para su satisfacción los productos de tierras y climas lejanos
Bu yeni ihtiyaçlar, tatmini için uzak diyarların ve iklimlerin ürünlerini gerektirir
En lugar de la antigua reclusión y autosuficiencia local y nacional, tenemos el comercio
Eski yerel ve ulusal inziva ve kendi kendine yeterlilik yerine, ticaret var
intercambio internacional en todas las direcciones; Interdependencia universal de las naciones
her yönde uluslararası değişim; Ulusların evrensel karşılıklı bağımlılığı
Y así como dependemos de los materiales, también dependemos de la producción intelectual
Ve tıpkı malzemelere bağımlılığımız olduğu gibi, entelektüel üretime de bağımlıyız
Las creaciones intelectuales de las naciones individuales se convierten en propiedad común
Tek tek ulusların entelektüel yaratımları ortak mülk haline gelir
La unilateralidad nacional y la estrechez de miras se vuelven cada vez más imposibles
Ulusal tek taraflılık ve dar görüşlülük giderek daha imkansız hale geliyor
y de las numerosas literaturas nacionales y locales, surge una literatura mundial
Ve sayısız ulusal ve yerel edebiyattan bir dünya edebiyatı ortaya çıkar

por el rápido perfeccionamiento de todos los instrumentos de producción

tüm üretim araçlarının hızlı bir şekilde gelişmesiyle

por los medios de comunicación inmensamente facilitados

son derece kolaylaştırılmış iletişim araçlarıyla

La burguesía atrae a todos (incluso a las naciones más bárbaras) a la civilización

Burjuvazi herkesi (en barbar ulusları bile) uygarlığa çeker

Los precios baratos de sus mercancías; la artillería pesada que derriba todas las murallas chinas

Emtialarının ucuz fiyatları; tüm Çin duvarlarını döven ağır toplar

El odio intensamente obstinado de los bárbaros hacia los extranjeros se ve obligado a capitular

Barbarların yabancılara karşı yoğun inatçı nefreti teslim olmaya zorlanır

Obliga a todas las naciones, bajo pena de extinción, a adoptar el modo de producción burgués

Yok olma tehlikesiyle karşı karşıya olan tüm ulusları Burjuva üretim tarzını benimsemeye zorlar

los obliga a introducir lo que llama civilización en su seno

onları, medeniyet dediği şeyi aralarına sokmaya zorlar

La burguesía obliga a los bárbaros a convertirse ellos mismos en burgueses

Burjuvazi, barbarları bizzat Burjuvazi olmaya zorluyor

en una palabra, la burguesía crea un mundo a su imagen y semejanza

tek kelimeyle, Burjuvazi kendi imgesine göre bir dünya yaratır

La burguesía ha sometido el campo al dominio de las ciudades

Burjuvazi kırı kentlerin egemenliğine tabi kılmıştır

Ha creado enormes ciudades y ha aumentado considerablemente la población urbana

Muazzam şehirler yarattı ve kentsel nüfusu büyük ölçüde artırdı

Rescató a una parte considerable de la población de la idiotez de la vida rural

Nüfusun önemli bir bölümünü kırsal yaşamın aptallığından kurtardı

pero ha hecho que los del campo dependan de las ciudades

ama kırsal kesimdekileri şehirlere bağımlı hale getirdi

y asimismo, ha hecho que los países bárbaros dependan de los civilizados

Ve aynı şekilde, barbar ülkeleri medeni ülkelere bağımlı hale getirdi

naciones de campesinos sobre naciones de la burguesía, el Este sobre el Oeste

Burjuvazinin ulusları üzerinde köylü ulusları, Batı'da Doğu

La burguesía suprime cada vez más el estado disperso de la población

Burjuvazi, nüfusun dağınık durumunu giderek daha fazla ortadan kaldırıyor

Ha aglomerado la producción y ha concentrado la propiedad en pocas manos

Aglomere üretime sahiptir ve birkaç elde yoğunlaşmış mülkiyete sahiptir

La consecuencia necesaria de esto fue la centralización política

Bunun zorunlu sonucu siyasi merkezileşmeydi

Había habido naciones independientes y provincias poco conectadas

Bağımsız uluslar ve gevşek bir şekilde birbirine bağlı eyaletler vardı

Tenían intereses, leyes, gobiernos y sistemas tributarios separados

ayrı çıkarları, yasaları, hükümetleri ve vergilendirme sistemleri vardı

pero se han agrupado en una sola nación, con un solo gobierno

ama tek bir ulusta, tek bir hükümetle bir araya toplandılar

Ahora tienen un interés nacional de clase, una frontera y un arancel aduanero

Artık tek bir ulusal sınıf çıkarı, tek bir sınır ve tek bir gümrük tarifesi var

Y este interés nacional de clase está unificado bajo un solo código de leyes

Ve bu ulusal sınıf çıkarı tek bir hukuk kuralı altında birleştirilmiştir

la burguesía ha logrado mucho durante su gobierno de apenas cien años

Burjuvazi yüz yıllık iktidarı boyunca çok şey başardı

fuerzas productivas más masivas y colosales que todas las generaciones precedentes juntas

önceki nesillerin toplamından daha büyük ve devasa üretici güçler

Las fuerzas de la naturaleza están subyugadas a la voluntad del hombre y su maquinaria

Doğanın güçleri, insanın iradesine ve onun makinelerine boyun eğdirilmiştir

La química se aplica a todas las formas de industria y tipos de agricultura

Kimya, her türlü endüstriye ve tarım türüne uygulanır

la navegación a vapor, los ferrocarriles, los telégrafos eléctricos y la imprenta

buharlı navigasyon, demiryolları, elektrikli telgraflar ve matbaa

desbroce de continentes enteros para el cultivo, canalización de ríos

ekim için tüm kıtaların temizlenmesi, nehirlerin kanalizasyonu

Poblaciones enteras han sido sacadas de la tierra y puestas a trabajar

Bütün nüfus topraktan çıkarıldı ve çalıştırıldı

¿Qué siglo anterior tuvo siquiera un presentimiento de lo que podría desencadenarse?

Daha önceki hangi yüzyılda, neyin serbest bırakılabileceğine dair bir önsezi vardı?

¿Quién predijo que tales fuerzas productivas dormitaban en el regazo del trabajo social?

Bu tür üretici güçlerin toplumsal emeğin kucağında uyukladığını kim tahmin edebilirdi?

Vemos, pues, que los medios de producción y de intercambio se generaban en la sociedad feudal

O zaman üretim ve değişim araçlarının feodal toplumda üretildiğini görüyoruz

los medios de producción sobre cuyos cimientos se construyó la burguesía

Burjuvazinin kendisini temeli üzerine inşa ettiği üretim araçları

En una determinada etapa del desarrollo de estos medios de producción y de intercambio

Bu üretim ve değişim araçlarının gelişmesinin belli bir aşamasında

las condiciones bajo las cuales la sociedad feudal producía e intercambiaba

feodal toplumun üretim ve mübadele koşulları

La organización feudal de la agricultura y la industria manufacturera

Tarım ve imalat sanayiinin feodal örgütlenmesi

Las relaciones feudales de propiedad ya no eran compatibles con las condiciones materiales

Feodal mülkiyet ilişkileri artık maddi koşullarla bağdaşmıyordu

Tuvieron que ser reventados en pedazos, por lo que fueron reventados en pedazos

Parçalanmaları gerekiyordu, bu yüzden parçalandılar

En su lugar entró la libre competencia de las fuerzas productivas

Onların yerine, üretici güçlerden serbest rekabet çıktı

y fueron acompañadas de una constitución social y política adaptada a ella

Ve onlara buna uyarlanmış sosyal ve politik bir anayasa eşlik etti

y fue acompañado por el dominio económico y político de la burguesía

ve buna Burjuva sınıfının ekonomik ve politik hakimiyeti eşlik etti

Un movimiento similar está ocurriendo ante nuestros propios ojos

Benzer bir hareket gözlerimizin önünde devam ediyor

La sociedad burguesa moderna con sus relaciones de producción, de intercambio y de propiedad

Üretim, mübadele ve mülkiyet ilişkileriyle modern burjuva toplumu

una sociedad que ha conjurado medios de producción y de intercambio tan gigantescos

Böylesine devasa üretim ve değişim araçları yaratmış bir toplum

Es como el hechicero que invocó los poderes del mundo inferior

Cehennem dünyasının güçlerini çağıran büyücü gibidir

Pero ya no es capaz de controlar lo que ha traído al mundo

Ama artık dünyaya getirdiklerini kontrol edemiyor

Durante muchas décadas, la historia pasada estuvo unida por un hilo conductor

On yıl boyunca geçmiş tarih ortak bir iplikle birbirine bağlıydı

La historia de la industria y del comercio no ha sido más que la historia de las revueltas

Sanayi ve ticaret tarihi, isyanların tarihi olmaktan başka bir şey değildir

las revueltas de las fuerzas productivas modernas contra las condiciones modernas de producción

Modern üretici güçlerin modern üretim koşullarına karşı isyanları

Las revueltas de las fuerzas productivas modernas contra las relaciones de propiedad

Modern üretici güçlerin mülkiyet ilişkilerine karşı isyanları

estas relaciones de propiedad son las condiciones para la existencia de la burguesía

bu mülkiyet ilişkileri burjuvazinin varoluş koşullarıdır

y la existencia de la burguesía determina las reglas de las relaciones de propiedad

ve Burjuvazinin varlığı mülkiyet ilişkilerinin kurallarını belirler

Baste mencionar el retorno periódico de las crisis comerciales

Ticari krizlerin dönemsel olarak geri döndüğünden bahsetmek yeterlidir

cada crisis comercial es más amenazante para la sociedad burguesa que la anterior

her ticari kriz Burjuva toplumu için bir öncekinden daha fazla tehdit edicidir

En estas crisis se destruye gran parte de los productos existentes

Bu krizlerde mevcut ürünlerin büyük bir kısmı yok oluyor

Pero estas crisis también destruyen las fuerzas productivas previamente creadas

Ancak bu krizler daha önce yaratılmış üretici güçleri de yok eder

En todas las épocas anteriores, estas epidemias habrían parecido un absurdo

Daha önceki tüm çağlarda bu salgınlar bir saçmalık gibi görünürdü

porque estas epidemias son las crisis comerciales de la sobreproducción

Çünkü bu salgınlar aşırı üretimin ticari krizleridir

De repente, la sociedad se encuentra de nuevo en un estado de barbarie momentánea

Toplum birdenbire kendini anlık bir barbarlık durumuna geri dönmüş bulur

como si una guerra universal de devastación hubiera cortado todos los medios de subsistencia

Sanki evrensel bir yıkım savaşı her türlü geçim aracını kesmiş gibi

la industria y el comercio parecen haber sido destruidos; ¿Y por qué?

sanayi ve ticaret yok edilmiş gibi görünüyor; Ve neden?

Porque hay demasiada civilización y medios de subsistencia

Çünkü çok fazla medeniyet ve geçim kaynağı var

y porque hay demasiada industria y demasiado comercio

Ve çünkü çok fazla sanayi ve çok fazla ticaret var

Las fuerzas productivas a disposición de la sociedad ya no desarrollan la propiedad burguesa

Toplumun emrindeki üretici güçler artık Burjuva mülkiyetini geliştirmiyor

por el contrario, se han vuelto demasiado poderosos para estas condiciones, por las cuales están encadenados

Aksine, zincirlendikleri bu koşullar için çok güçlü hale geldiler

tan pronto como superan estas cadenas, traen el desorden a toda la sociedad burguesa

Bu prangaları aşar aşmaz, tüm burjuva toplumuna kargaşa getirirler

y las fuerzas productivas ponen en peligro la existencia de la propiedad burguesa

ve üretici güçler Burjuva mülkiyetinin varlığını tehlikeye atar

Las condiciones de la sociedad burguesa son demasiado estrechas para abarcar la riqueza creada por ellas

Burjuva toplumunun koşulları, onların yarattığı zenginliği kapsayamayacak kadar dardır

¿Y cómo supera la burguesía estas crisis?

Ve burjuvazi bu krizleri nasıl aşıyor?

Por un lado, supera estas crisis mediante la destrucción forzada de una masa de fuerzas productivas

Bir yandan, bu krizleri, üretici güçler kitlesinin zorla yok edilmesiyle aşar

por otro lado, supera estas crisis mediante la conquista de nuevos mercados

bir yandan da bu krizleri yeni pazarlar fethederek aşmaktadır

y supera estas crisis mediante la explotación más completa de las viejas fuerzas productivas

Ve bu krizleri, eski üretici güçlerin daha kapsamlı bir şekilde sömürülmesiyle aşar

Es decir, allanando el camino para crisis más extensas y destructivas

Yani daha kapsamlı ve daha yıkıcı krizlerin önünü açarak

supera la crisis disminuyendo los medios para prevenir las crisis

Krizleri önleme araçlarını azaltarak krizin üstesinden gelir

Las armas con las que la burguesía derribó el feudalismo se vuelven ahora contra sí misma

Burjuvazinin feodalizmi yerle bir ettiği silahlar şimdi kendisine çevrilmiştir

Pero la burguesía no sólo ha forjado las armas que le dan la muerte

Ama burjuvazi sadece kendisine ölüm getiren silahları dövmekle kalmadı

También ha llamado a la existencia a los hombres que han de empuñar esas armas

Aynı zamanda bu silahları kullanacak adamları da var etti

Y estos hombres son la clase obrera moderna; Son los proletarios

Ve bu adamlar modern işçi sınıfıdır; Onlar proleterlerdir

En la misma proporción en que se desarrolla la burguesía, en la misma proporción se desarrolla el proletariado

Burjuvazi ne oranda gelişirse, proletarya da o oranda gelişmiştir

La clase obrera moderna desarrolló una clase de trabajadores

Modern işçi sınıfı bir emekçiler sınıfı geliştirdi

Esta clase de obreros vive sólo mientras encuentran trabajo

Bu emekçi sınıfı ancak iş buldukları sürece yaşarlar

y sólo encuentran trabajo mientras su trabajo aumenta el capital

Ve ancak emekleri sermayeyi artırdığı sürece iş bulurlar

Estos obreros, que deben venderse a destajo, son una mercancía
Kendilerini parça parça satmak zorunda olan bu emekçiler bir metadır

Estos obreros son como cualquier otro artículo de comercio
Bu emekçiler diğer tüm ticaret malları gibidir

y, en consecuencia, están expuestos a todas las vicisitudes de la competencia
ve sonuç olarak rekabetin tüm iniş çıkışlarına maruz kalırlar

Tienen que capear todas las fluctuaciones del mercado
Piyasanın tüm dalgalanmalarını atlatmak zorundalar

Debido al uso extensivo de maquinaria y a la división del trabajo
Makinelerin yaygın kullanımı ve iş bölümü nedeniyle

El trabajo de los proletarios ha perdido todo carácter individual
Proleterlerin çalışması tüm bireysel karakterini yitirmiştir

y, en consecuencia, el trabajo de los proletarios ha perdido todo encanto para el obrero
Ve sonuç olarak, proleterlerin çalışması, işçi için tüm çekiciliğini yitirmiştir

Se convierte en un apéndice de la máquina, en lugar del hombre que una vez fue
Bir zamanlar olduğu adamdan ziyade makinenin bir uzantısı haline gelir

Sólo se requiere de él la habilidad más simple, monótona y más fácil de adquirir
Ondan sadece en basit, monoton ve en kolay elde edilen hüner istenir

Por lo tanto, el costo de producción de un trabajador está restringido
Bu nedenle, bir işçinin üretim maliyeti sınırlıdır

se restringe casi por completo a los medios de subsistencia que necesita para su manutención
neredeyse tamamen bakımı için ihtiyaç duyduğu geçim araçlarıyla sınırlıdır

y se restringe a los medios de subsistencia que necesita para la propagación de su raza

ve ırkının yayılması için ihtiyaç duyduğu geçim araçlarıyla sınırlıdır

Pero el precio de una mercancía, y por lo tanto también del trabajo, es igual a su costo de producción

Ama bir metanın ve dolayısıyla emeğin fiyatı, onun üretim maliyetine eşittir

Por lo tanto, a medida que aumenta la repulsividad del trabajo, disminuye el salario

Bu nedenle, orantılı olarak, işin iticiliği arttıkça, ücret düşer

Es más, la repulsión de su obra aumenta a un ritmo aún mayor

Hayır, işinin iticiliği daha da büyük bir oranda artar

A medida que aumenta el uso de maquinaria y la división del trabajo, también lo hace la carga del trabajo

Makine kullanımı ve işbölümü arttıkça iş yükü de artar

La carga del trabajo se incrementa con la prolongación de las horas de trabajo

Çalışma saatlerinin uzamasıyla iş yükü artar

Se espera más del obrero en el mismo tiempo que antes

İşçiden daha önce olduğu gibi aynı zamanda daha fazlası beklenir

Y, por supuesto, la carga del trabajo aumenta por la velocidad de la maquinaria

Ve tabii ki, zahmetin yükü makinelerin hızıyla artar

La industria moderna ha convertido el pequeño taller del amo patriarcal en la gran fábrica del capitalista industrial

Modern sanayi, ataerkil efendinin küçük atölyesini, sanayici kapitalistin büyük fabrikasına dönüştürmüştür

Las masas de obreros, hacinados en la fábrica, están organizadas como soldados

Fabrikaya doluşmuş işçi kitleleri, askerler gibi örgütlenmiştir

Como soldados rasos del ejército industrial están bajo el mando de una jerarquía perfecta de oficiales y sargentos

Sanayi ordusunun erleri olarak, mükemmel bir subay ve çavuş hiyerarşisinin komutası altına alınırlar

no sólo son esclavos de la burguesía y del Estado

onlar sadece Burjuva sınıfının ve Devletin köleleri değildirler

pero también son esclavizados diariamente y cada hora por la máquina

ama aynı zamanda makine tarafından günlük ve saatlik olarak köleleştirilirler

están esclavizados por el vigilante y, sobre todo, por el propio fabricante burgués

Dışarıdan bakan tarafından ve her şeyden önce bireysel Burjuva imalatçısının kendisi tarafından köleleştirilirler

Cuanto más abiertamente proclama este despotismo que la ganancia es su fin y su fin, tanto más mezquino, más odioso y más amargo es

Bu despotizm, kazancı kendi amacı ve hedefi olarak ne kadar açık bir şekilde ilan ederse, o kadar önemsiz, o kadar nefret dolu ve o kadar küstahtır

Cuanto más se desarrolla la industria moderna, menores son las diferencias entre los sexos

Modern endüstri ne kadar gelişirse, cinsiyetler arasındaki farklar o kadar az olur

Cuanto menor es la habilidad y el ejercicio de la fuerza implícitos en el trabajo manual, tanto más el trabajo de los hombres es reemplazado por el de las mujeres

El emeğinde ima edilen beceri ve güç çabası ne kadar azsa, erkeklerin emeğinin yerini kadınlarınki alır.

Las diferencias de edad y sexo ya no tienen ninguna validez social distintiva para la clase obrera

Yaş ve cinsiyet farklılıklarının artık işçi sınıfı için ayırt edici bir toplumsal geçerliliği yoktur

Todos son instrumentos de trabajo, más o menos costosos de usar, según su edad y sexo

Hepsi emek araçlarıdır, yaşlarına ve cinsiyetlerine göre kullanımları az ya da çok pahalıdır

tan pronto como el obrero recibe su salario en efectivo, es atacado por las otras partes de la burguesía

İşçi ücretini nakit olarak alır almaz, burjuvazinin diğer kesimleri tarafından kendisine yüklenir

el propietario, el tendero, el prestamista, etc

ev sahibi, dükkan sahibi, tefeci vb

Los estratos más bajos de la clase media; los pequeños comerciantes y tenderos

Orta sınıfın alt tabakaları; küçük esnaf ve esnaf

los comerciantes jubilados en general, y los artesanos y campesinos

genel olarak emekli esnaf, zanaatkarlar ve köylüler

todo esto se hunde poco a poco en el proletariado

bütün bunlar yavaş yavaş Proletaryaya batar

en parte porque su minúsculo capital no basta para la escala en que se desarrolla la industria moderna

kısmen, küçücük sermayelerinin, Modern Sanayi'nin sürdürüldüğü ölçek için yeterli olmaması nedeniyle

y porque está inundada en la competencia con los grandes capitalistas

ve büyük kapitalistlerle rekabette bataklığa saplandığı için

en parte porque sus habilidades especializadas se vuelven inútiles por los nuevos métodos de producción

Kısmen, uzmanlaşma becerilerinin yeni üretim yöntemleriyle değersiz hale getirilmesi nedeniyle

De este modo, el proletariado es reclutado entre todas las clases de la población

Böylece proletarya, nüfusun tüm sınıflarından devşirilir

El proletariado pasa por varias etapas de desarrollo

Proletarya çeşitli gelişme aşamalarından geçer

Con su nacimiento comienza su lucha con la burguesía

Doğuşuyla birlikte Burjuvazi ile mücadelesi başlar

Al principio, la contienda es llevada a cabo por trabajadores individuales

Yarışma ilk başta bireysel emekçiler tarafından yürütülür

Entonces el concurso es llevado a cabo por los obreros de una fábrica
Sonra yarışma bir fabrikanın işçileri tarafından yürütülür
Entonces la contienda es llevada a cabo por los operarios de un oficio, en una localidad
Sonra yarışma, bir işkolunun işçileri tarafından, tek bir yörede sürdürülür
y la contienda es entonces contra la burguesía individual que los explota directamente
ve o zaman yarışma, onları doğrudan sömüren bireysel burjuvaziye karşıdır
No dirigen sus ataques contra las condiciones de producción de la burguesía
Saldırılarını burjuvazinin üretim koşullarına yöneltmiyorlar
pero dirigen su ataque contra los propios instrumentos de producción
ama saldırılarını üretim araçlarının kendilerine yöneltirler
destruyen mercancías importadas que compiten con su mano de obra
Emekleriyle rekabet eden ithal malları yok ediyorlar
Hacen pedazos la maquinaria y prenden fuego a las fábricas
Makineleri paramparça ettiler ve fabrikaları ateşe verdiler
tratan de restaurar por la fuerza el estado desaparecido del obrero de la Edad Media
Orta Çağ işçisinin yok olmuş statüsünü zorla geri getirmeye çalışıyorlar
En esta etapa, los obreros forman todavía una masa incoherente dispersa por todo el país
Bu aşamada, emekçiler hâlâ tüm ülkeye dağılmış tutarsız bir kitle oluşturuyorlar
y se rompen por su mutua competencia
ve karşılıklı rekabetleri tarafından parçalanırlar
Si en alguna parte se unen para formar cuerpos más compactos, esto no es todavía la consecuencia de su propia unión activa

Herhangi bir yerde daha kompakt bedenler oluşturmak için birleşirlerse, bu henüz kendi aktif birliklerinin sonucu değildir
pero es una consecuencia de la unión de la burguesía, para alcanzar sus propios fines políticos
ama bu, burjuvazinin kendi siyasi amaçlarına ulaşmak için birliğinin bir sonucudur
la burguesía se ve obligada a poner en movimiento a todo el proletariado
Burjuvazi tüm proletaryayı harekete geçirmek zorundadır
y además, por un momento, la burguesía es capaz de hacerlo
ve dahası, bir süre için, Burjuvazi bunu yapabilir
Por lo tanto, en esta etapa, los proletarios no luchan contra sus enemigos
Bu nedenle, bu aşamada, proleterler düşmanlarıyla savaşmazlar
sino que están luchando contra los enemigos de sus enemigos
ama bunun yerine düşmanlarının düşmanlarıyla savaşıyorlar
la lucha contra los restos de la monarquía absoluta y los terratenientes
Mutlak monarşinin kalıntıları ve toprak sahipleriyle mücadele
luchan contra la burguesía no industrial; la pequeña burguesía
sanayileşmemiş burjuvazi ile savaşırlar; küçük burjuvazi
De este modo, todo el movimiento histórico se concentra en manos de la burguesía
Böylece tüm tarihsel hareket burjuvazinin elinde toplanmıştır
cada victoria así obtenida es una victoria para la burguesía
bu şekilde elde edilen her zafer burjuvazinin zaferidir
Pero con el desarrollo de la industria, el proletariado no sólo aumenta en número
Ama sanayinin gelişmesiyle birlikte proletarya sadece sayıca artmakla kalmaz
el proletariado se concentra en grandes masas y su fuerza crece

Proletarya daha büyük kitleler halinde yoğunlaşır ve gücü artar

y el proletariado siente cada vez más esa fuerza

ve Proletarya bu gücü giderek daha fazla hissediyor

Los diversos intereses y condiciones de vida en las filas del proletariado se igualan cada vez más

Proletarya saflarındaki çeşitli çıkarlar ve yaşam koşulları giderek daha fazla eşitleniyor

se vuelven más proporcionales a medida que la maquinaria borra todas las distinciones de trabajo

Makinelerin emeğin tüm ayrımlarını ortadan kaldırmasıyla orantılı olarak daha da artarlar

y la maquinaria reduce los salarios al mismo nivel bajo en casi todas partes

Ve makineler hemen hemen her yerde ücretleri aynı düşük seviyeye indiriyor

La creciente competencia entre la burguesía, y las crisis comerciales resultantes, hacen que los salarios de los obreros sean cada vez más fluctuantes

Burjuvazi arasında artan rekabet ve bunun sonucunda ortaya çıkan ticari krizler, işçilerin ücretlerini her zamankinden daha dalgalı hale getiriyor

La mejora incesante de la maquinaria, que se desarrolla cada vez más rápidamente, hace que sus medios de vida sean cada vez más precarios

Her zamankinden daha hızlı gelişen makinelerin durmaksızın gelişmesi, geçim kaynaklarını giderek daha güvencesiz hale getiriyor

los choques entre obreros individuales y burgueses individuales toman cada vez más el carácter de choques entre dos clases

tek tek işçiler ile tek tek burjuvazi arasındaki çarpışmalar, giderek iki sınıf arasındaki çarpışma niteliğini alıyor

A partir de ese momento, los obreros comienzan a formar uniones (sindicatos) contra la burguesía

Bunun üzerine işçiler burjuvaziye karşı birleşimler (sendikalar) oluşturmaya başlarlar

se agrupan para mantener el ritmo de los salarios

Ücret oranını korumak için bir araya geliyorlar

Fundaron asociaciones permanentes para hacer frente de antemano a estas revueltas ocasionales

Ara sıra ortaya çıkan bu isyanlar için önceden hazırlık yapmak üzere kalıcı birlikler kurdular

Aquí y allá la contienda estalla en disturbios

Yarışma burada ve orada isyanlara dönüşüyor

De vez en cuando los obreros salen victoriosos, pero sólo por un tiempo

Ara sıra işçiler zafer kazanıyor, ama sadece bir süre için

El verdadero fruto de sus batallas no reside en el resultado inmediato, sino en la unión cada vez mayor de los trabajadores

Mücadelelerinin gerçek meyvesi, doğrudan sonuçta değil, işçilerin durmadan genişleyen birliğinde yatmaktadır

Esta unión se ve favorecida por la mejora de los medios de comunicación creados por la industria moderna

Bu birliğe, modern sanayi tarafından yaratılan gelişmiş iletişim araçları yardımcı olmaktadır

La comunicación moderna pone en contacto a los trabajadores de diferentes localidades

Modern iletişim, farklı bölgelerdeki işçileri birbirleriyle temasa geçirir

Era precisamente este contacto el que se necesitaba para centralizar las numerosas luchas locales en una lucha nacional entre clases

Çok sayıda yerel mücadeleyi sınıflar arasındaki tek bir ulusal mücadelede merkezileştirmek için gerekli olan tam da bu temastı

Todas estas luchas tienen el mismo carácter, y toda lucha de clases es una lucha política

Bu mücadelelerin hepsi aynı karakterdedir ve her sınıf mücadelesi politik bir mücadeledir

los burgueses de la Edad Media, con sus miserables carreteras, necesitaron siglos para formar sus uniones

Orta Çağ'ın kasabalıları, sefil otoyollarıyla, birliklerini oluşturmak için yüzyıllara ihtiyaç duydu

Los proletarios modernos, gracias a los ferrocarriles, logran sus sindicatos en pocos años

Modern proleterler, demiryolları sayesinde birkaç yıl içinde sendikalarına kavuşurlar

Esta organización de los proletarios en una clase los formó, por consiguiente, en un partido político

Proleterlerin bir sınıf halinde örgütlenmesi, sonuç olarak onları bir siyasi parti haline getirdi

La clase política se ve continuamente molesta por la competencia entre los propios trabajadores

Siyasi sınıf, işçilerin kendi aralarındaki rekabetten sürekli olarak yeniden rahatsız oluyor

Pero la clase política sigue levantándose de nuevo, más fuerte, más firme, más poderosa

Ancak siyasi sınıf daha güçlü, daha sert, daha güçlü bir şekilde yeniden yükselmeye devam ediyor

Obliga al reconocimiento legislativo de los intereses particulares de los trabajadores

İşçilerin özel çıkarlarının yasal olarak tanınmasını zorunlu kılar

lo hace aprovechándose de las divisiones en el seno de la propia burguesía

Bunu, burjuvazinin kendi içindeki bölünmelerden yararlanarak yapar

De este modo, el proyecto de ley de las diez horas en Inglaterra se convirtió en ley

Böylece İngiltere'deki on saatlik yasa tasarısı yasalaştı

en muchos sentidos, las colisiones entre las clases de la vieja sociedad son, además, el curso del desarrollo del proletariado

birçok bakımdan eski toplumun sınıfları arasındaki çatışmalar, proletaryanın gelişme sürecidir

La burgüesía se ve envuelta en una batalla constante
Burjuvazi kendisini sürekli bir savaşın içinde bulur
Al principio se verá envuelto en una batalla constante con la aristocracia
İlk başta kendisini aristokrasi ile sürekli bir savaşın içinde bulacaktır
más tarde se verá envuelta en una batalla constante con esas partes de la propia burguesía
daha sonra kendisini Burjuvazinin bu kesimleriyle sürekli bir savaşın içinde bulacaktır
y sus intereses se habrán vuelto antagónicos al progreso de la industria
ve çıkarları sanayinin ilerlemesine karşıt hale gelecektir
en todo momento, sus intereses se habrán vuelto antagónicos con la burguesía de los países extranjeros
çıkarları her zaman yabancı ülkelerin burjuvazisi ile uzlaşmaz hale gelecektir
En todas estas batallas se ve obligado a apelar al proletariado y pide su ayuda
Bütün bu savaşlarda kendisini proletaryaya başvurmak zorunda görür ve ondan yardım ister
y, por lo tanto, se sentirá obligado a arrastrarlo a la arena política
Ve böylece onu siyasi arenaya sürüklemek zorunda hissedecektir
La burguesía misma, por lo tanto, suministra al proletariado sus propios instrumentos de educación política y general
Bu nedenle, burjuvazinin kendisi, proletaryaya kendi siyasal ve genel eğitim araçlarını sağlar
en otras palabras, suministra al proletariado armas para luchar contra la burguesía
başka bir deyişle, proletaryaya, burjuvaziye karşı savaşmak için silahlar sağlar
Además, como ya hemos visto, sectores enteros de las clases dominantes se precipitan en el proletariado

Dahası, daha önce gördüğümüz gibi, egemen sınıfların tüm kesimleri proletaryaya doğru itilir

el avance de la industria los absorbe en el proletariado

sanayinin ilerlemesi onları proletaryanın içine çeker

o, al menos, están amenazados en sus condiciones de existencia

Ya da en azından, varoluş koşullarında tehdit altındadırlar

Estos también suministran al proletariado nuevos elementos de ilustración y progreso

Bunlar aynı zamanda proletaryaya aydınlanmanın ve ilerlemenin taze unsurlarını da sağlar

Finalmente, en momentos en que la lucha de clases se acerca a la hora decisiva

Son olarak, sınıf mücadelesinin belirleyici saate yaklaştığı zamanlarda

el proceso de disolución que se está llevando a cabo en el seno de la clase dominante

Egemen sınıf içinde devam eden çözülme süreci

De hecho, la disolución que se está produciendo en el seno de la clase dominante se sentirá en toda la sociedad

Gerçekte, egemen sınıf içinde sürmekte olan çözülme, toplumun tüm kesiminde hissedilecektir

Tomará un carácter tan violento y deslumbrante, que un pequeño sector de la clase dominante se quedará a la deriva

Öylesine şiddetli, göz kamaştırıcı bir karaktere bürünecek ki, egemen sınıfın küçük bir kesimi kendini başıboş bırakacaktır

y esa clase dominante se unirá a la clase revolucionaria

Ve bu egemen sınıf devrimci sınıfa katılacaktır

La clase revolucionaria es la clase que tiene el futuro en sus manos

Devrimci sınıf, geleceği elinde tutan sınıftır

Al igual que en un período anterior, una parte de la nobleza se pasó a la burguesía

Tıpkı daha önceki bir dönemde olduğu gibi, soyluların bir bölümü Burjuvazinin safına geçti

de la misma manera que una parte de la burguesía se pasará al proletariado
aynı şekilde burjuvazinin bir kısmı proletaryaya geçecektir
en particular, una parte de la burguesía pasará a una parte de los ideólogos de la burguesía
özellikle, Burjuvazinin bir kısmı, Burjuva ideologlarının bir kısmına geçecektir
Ideólogos burgueses que se han elevado al nivel de comprender teóricamente el movimiento histórico en su conjunto
Tarihsel hareketi bir bütün olarak teorik olarak kavrama düzeyine yükselmiş burjuva ideologlar
De todas las clases que hoy se encuentran frente a frente con la burguesía, sólo el proletariado es una clase realmente revolucionaria
Bugün burjuvazi ile karşı karşıya gelen tüm sınıflar arasında, gerçekten devrimci bir sınıf olan yalnızca proletaryadır
Las otras clases decaen y finalmente desaparecen frente a la industria moderna
Öteki sınıflar çürür ve sonunda modern sanayi karşısında yok olurlar
el proletariado es su producto especial y esencial
Proletarya onun özel ve temel ürünüdür
La clase media baja, el pequeño fabricante, el tendero, el artesano, el campesino
Alt orta sınıf, küçük fabrikatör, dükkân sahibi, zanaatkâr, köylü
todos ellos luchan contra la burguesía
bütün bunlar burjuvaziye karşı savaşıyor
Luchan como fracciones de la clase media para salvarse de la extinción
Kendilerini yok olmaktan kurtarmak için orta sınıfın fraksiyonları olarak savaşıyorlar
Por lo tanto, no son revolucionarios, sino conservadores
Bu nedenle devrimci değil, muhafazakardırlar

Más aún, son reaccionarios, porque tratan de hacer retroceder la rueda de la historia

Dahası, gericidirler, çünkü tarihin tekerleğini geri döndürmeye çalışırlar

Si por casualidad son revolucionarios, lo son sólo en vista de su inminente transferencia al proletariado

Eğer şans eseri devrimcilerse, yalnızca Proletaryaya yaklaşmakta olan transferleri göz önüne alındığında devrimcidirler

Por lo tanto, no defienden sus intereses presentes, sino sus intereses futuros

Böylece şimdiki çıkarlarını değil, gelecekteki çıkarlarını savunurlar

abandonan su propio punto de vista para situarse en el del proletariado

kendilerini proletaryanın yerine koymak için kendi bakış açılarını terk ederler

La "clase peligrosa", la escoria social, esa masa pasivamente putrefacta arrojada por las capas más bajas de la vieja sociedad

"Tehlikeli sınıf", toplumsal, eski toplumun en alt katmanları tarafından atılan pasif bir şekilde çürüyen kitle

pueden, aquí y allá, ser arrastrados al movimiento por una revolución proletaria

Orada burada, bir proleter devrimle hareketin içine sürüklenebilirler

Sus condiciones de vida, sin embargo, la preparan mucho más para el papel de un instrumento sobornado de la intriga reaccionaria

Ne var ki, yaşam koşulları, onu, gerici entrikaların rüşvet verici bir aracı rolüne çok daha fazla hazırlamaktadır

En las condiciones del proletariado, los de la vieja sociedad en general están ya virtualmente desbordados

Proletaryanın koşullarında, genel olarak eski toplumun koşulları zaten fiilen bataklığa saplanmıştır

El proletario carece de propiedad

Proleter mülksüzdür

su relación con su mujer y sus hijos ya no tiene nada en común con las relaciones familiares de la burguesía

karısı ve çocuklarıyla olan ilişkisinin artık burjuvazinin aile ilişkileriyle hiçbir ortak yanı yoktur

el trabajo industrial moderno, el sometimiento moderno al capital, lo mismo en Inglaterra que en Francia, en Estados Unidos como en Alemania

modern sanayi emeği, sermayeye modern tabiiyet, Fransa'da olduğu gibi İngiltere'de, Almanya'da olduğu gibi Amerika'da da aynı

Su condición en la sociedad lo ha despojado de todo rastro de carácter nacional

Toplumdaki durumu onu ulusal karakterin her izinden sıyırmıştır

El derecho, la moral, la religión, son para él otros tantos prejuicios burgueses

Hukuk, ahlak, din, onun için pek çok burjuva önyargısıdır

y detrás de estos prejuicios acechan emboscados otros tantos intereses burgueses

ve bu önyargıların ardında, tıpkı birçok Burjuva çıkarı kadar pusuda gizleniyor

Todas las clases precedentes que se impusieron trataron de fortalecer su estatus ya adquirido

Üstünlüğü ele geçiren önceki tüm sınıflar, zaten kazanılmış statülerini güçlendirmeye çalıştılar

Lo hicieron sometiendo a la sociedad en general a sus condiciones de apropiación

Bunu, toplumun genelini kendi temellük koşullarına tabi kılarak yaptılar

Los proletarios no pueden llegar a ser dueños de las fuerzas productivas de la sociedad

Proleterler toplumun üretici güçlerinin efendisi olamazlar

sólo puede hacerlo aboliendo su propio modo anterior de apropiación

Bunu ancak kendi önceki sahiplenme tarzını ortadan
kaldırarak yapabilir
**y, por lo tanto, también suprime cualquier otro modo
anterior de apropiación**
ve böylece daha önceki tüm temellük etme biçimlerini de
ortadan kaldırır
No tienen nada propio que asegurar y fortificar
Güvence altına almak ve güçlendirmek için kendilerine ait
hiçbir şeyleri yok
**Su misión es destruir todos los valores y seguros anteriores
de la propiedad individual**
Görevleri, bireysel mülkler için önceki tüm menkul kıymetleri
ve sigortaları yok etmektir
**Todos los movimientos históricos anteriores fueron
movimientos de minorías**
Daha önceki tüm tarihsel hareketler azınlık hareketleriydi
o eran movimientos en interés de las minorías
ya da azınlıkların çıkarlarına yönelik hareketlerdi
**El movimiento proletario es el movimiento consciente e
independiente de la inmensa mayoría**
Proleter hareket, büyük çoğunluğun özbilinçli, bağımsız
hareketidir
Y es un movimiento en interés de la inmensa mayoría
Ve bu, büyük çoğunluğun çıkarına olan bir harekettir
**El proletariado, el estrato más bajo de nuestra sociedad
actual**
Proletarya, mevcut toplumumuzun en alt tabakası
**no puede agitarse ni elevarse sin que todos los estratos
superiores de la sociedad oficial salgan al aire**
Resmi toplumun tüm üst düzey katmanları havaya
uçurulmadan kıpırdayamaz veya kendini yükseltemez
**Aunque no en el fondo, sí en la forma, la lucha del
proletariado con la burguesía es, al principio, una lucha
nacional**
Proletaryanın burjuvazi ile mücadelesi, özünde olmasa da,
biçim olarak her şeyden önce ulusal bir mücadeledir

El proletariado de cada país debe, por supuesto, en primer
lugar arreglar las cosas con su propia burguesía
Kuşkusuz, her ülkenin proletaryası, her şeyden önce, kendi
burjuvazisi ile sorunu çözmelidir
Al describir las fases más generales del desarrollo del
proletariado, hemos trazado la guerra civil más o menos
velada
Proletaryanın gelişiminin en genel aşamalarını betimlerken, az
çok örtülü iç savaşın izini sürdük
Este civil está haciendo estragos dentro de la sociedad
existente
Bu sivil, mevcut toplum içinde öfkeleniyor
Se enfurecerá hasta el punto en que esa guerra estalle en una
revolución abierta
Bu savaşın açık devrime dönüştüğü noktaya kadar
öfkelenecek
y luego el derrocamiento violento de la burguesía sienta las
bases para el dominio del proletariado
ve sonra Burjuvazinin şiddet yoluyla devrilmesi,
Proletaryanın egemenliğinin temelini atar
Hasta ahora, todas las formas de sociedad se han basado,
como ya hemos visto, en el antagonismo de las clases
opresoras y oprimidas
Şimdiye kadar, her toplum biçimi, daha önce gördüğümüz
gibi, ezen ve ezilen sınıfların uzlaşmaz karşıtlığına
dayanıyordu.
Pero para oprimir a una clase, hay que asegurarle ciertas
condiciones
Ama bir sınıfı ezmek için, ona belirli koşulların sağlanması
gerekir
La clase debe ser mantenida en condiciones en las que
pueda, por lo menos, continuar su existencia servil
Sınıf, en azından kölece varlığını sürdürebileceği koşullar
altında tutulmalıdır
El siervo, en el período de la servidumbre, se elevaba a la
comuna

Serf, serflik döneminde, kendisini komün üyeliğine yükseltti
del mismo modo que la pequeña burguesía, bajo el yugo del absolutismo feudal, logró convertirse en burguesía
tıpkı feodal mutlakiyetçiliğin boyunduruğu altındaki küçük burjuvazinin bir burjuvaziye dönüşmeyi başarması gibi
El obrero moderno, por el contrario, en lugar de elevarse con el progreso de la industria, se hunde cada vez más
Modern emekçi, tam tersine, sanayinin ilerlemesiyle birlikte yükselmek yerine, daha da derine batar
se hunde por debajo de las condiciones de existencia de su propia clase
kendi sınıfının varoluş koşullarının altına düşer
Se convierte en un indigente, y el pauperismo se desarrolla más rápidamente que la población y la riqueza
Yoksul olur ve yoksulluk nüfus ve zenginlikten daha hızlı gelişir
Y aquí se hace evidente que la burguesía ya no es apta para ser la clase dominante de la sociedad
Ve burada, burjuvazinin artık toplumda egemen sınıf olmaya uygun olmadığı ortaya çıkıyor
y no es apta para imponer sus condiciones de existencia a la sociedad como una ley imperativa
ve kendi varoluş koşullarını topluma ağır basan bir yasa olarak dayatmaya uygun değildir
Es incapaz de gobernar porque es incapaz de asegurar una existencia a su esclavo dentro de su esclavitud
Yönetmeye uygun değildir, çünkü kölesine köleliği içinde bir varoluş sağlamakta yetersiz
porque no puede evitar dejarlo hundirse en tal estado, que tiene que alimentarlo, en lugar de ser alimentado por él
çünkü onun tarafından beslenmek yerine onu beslemek zorunda olduğu bir duruma batmasına izin veremez
La sociedad ya no puede vivir bajo esta burguesía
Toplum artık bu burjuvazi altında yaşayamaz
En otras palabras, su existencia ya no es compatible con la sociedad

Başka bir deyişle, varlığı artık toplumla uyumlu değildir

La condición esencial para la existencia y el dominio de la burguesía es la formación y el aumento del capital

Burjuva sınıfının varlığının ve egemenliğinin temel koşulu, sermayenin oluşumu ve genişlemesidir

La condición del capital es el trabajo asalariado

Sermayenin koşulu ücretli emektir

El trabajo asalariado se basa exclusivamente en la competencia entre los trabajadores

Ücretli emek, yalnızca emekçiler arasındaki rekabete dayanır

El avance de la industria, cuyo promotor involuntario es la burguesía, sustituye al aislamiento de los obreros

İstemsiz teşvikçisi Burjuvazi olan sanayinin ilerlemesi, emekçilerin yalıtılmışlığının yerini alır

por la competencia, por su combinación revolucionaria, por la asociación

rekabet nedeniyle, devrimci kombinasyonları nedeniyle, dernek nedeniyle

El desarrollo de la industria moderna corta bajo sus pies los cimientos mismos sobre los cuales la burguesía produce y se apropia de los productos

Modern sanayinin gelişmesi, burjuvazinin ürünleri üzerinde ürettiği ve temellük ettiği temeli ayaklarının altından keser

Lo que la burguesía produce, sobre todo, son sus propios sepultureros

Burjuvazinin ürettiği şey, her şeyden önce, kendi mezar kazıcılarıdır

La caída de la burguesía y la victoria del proletariado son igualmente inevitables

Burjuvazinin çöküşü ve proletaryanın zaferi aynı derecede kaçınılmazdır

Proletarios y comunistas
Proleterler ve Komünistler

¿Qué relación tienen los comunistas con el conjunto de los proletarios?
Komünistler bir bütün olarak proleterlerle nasıl bir ilişki içindedirler?

Los comunistas no forman un partido separado opuesto a otros partidos de la clase obrera
Komünistler, diğer işçi sınıfı partilerine karşı ayrı bir parti oluşturmazlar

No tienen intereses separados y aparte de los del proletariado en su conjunto
Bir bütün olarak proletaryanın çıkarlarından ayrı ve ayrı çıkarları yoktur

No establecen ningún principio sectario propio, con el cual dar forma y moldear el movimiento proletario
Proleter hareketi şekillendirmek ve biçimlendirmek için kendilerine ait sekter ilkeler oluşturmazlar

Los comunistas se distinguen de los demás partidos obreros sólo por dos cosas
Komünistler, diğer işçi sınıfı partilerinden sadece iki şeyle ayrılırlar

En primer lugar, señalan y ponen en primer plano los intereses comunes de todo el proletariado, independientemente de toda nacionalidad
Birincisi, tüm milliyetlerden bağımsız olarak, tüm proletaryanın ortak çıkarlarına işaret eder ve öne çıkarırlar

Esto lo hacen en las luchas nacionales de los proletarios de los diferentes países
Bunu, farklı ülkelerin proleterlerinin ulusal mücadelelerinde yaparlar

En segundo lugar, siempre y en todas partes representan los intereses del movimiento en su conjunto
İkincisi, her zaman ve her yerde bir bütün olarak hareketin çıkarlarını temsil ederler

esto lo hacen en las diversas etapas de desarrollo por las que tiene que pasar la lucha de la clase obrera contra la burguesía

Bunu, işçi sınıfının burjuvaziye karşı mücadelesinin geçmek zorunda olduğu çeşitli gelişme aşamalarında yaparlar

Los comunistas son, por lo tanto, por una parte, prácticamente, el sector más avanzado y resuelto de los partidos obreros de todos los países

Bu nedenle Komünistler, bir yandan, pratik olarak, her ülkenin işçi sınıfı partilerinin en ileri ve kararlı kesimidir

Son ese sector de la clase obrera que empuja hacia adelante a todos los demás

Onlar, işçi sınıfının diğerlerini ileri iten kesimidir

Teóricamente, también tienen la ventaja de entender claramente la línea de marcha

Teorik olarak, yürüyüş hattını net bir şekilde anlama avantajına da sahiptirler

Esto lo comprenden mejor comparado con la gran masa del proletariado

Bunu, proletaryanın büyük kitlesine kıyasla daha iyi anlıyorlar

Comprenden las condiciones y los resultados generales finales del movimiento proletario

Proleter hareketin koşullarını ve nihai genel sonuçlarını kavrarlar

El objetivo inmediato del comunista es el mismo que el de todos los demás partidos proletarios

Komünistin acil hedefi, diğer tüm proleter partilerinkiyle aynıdır

Su objetivo es la formación del proletariado en una clase

Amaçları, proletaryanın bir sınıf haline getirilmesidir

su objetivo es derrocar la supremacía burguesa

Burjuvazinin üstünlüğünü yıkmayı hedefliyorlar

la lucha por la conquista del poder político por el proletariado

Proletaryanın siyasal iktidarı ele geçirmesi için çaba

Las conclusiones teóricas de los comunistas no se basan en modo alguno en ideas o principios de reformadores

Komünistlerin teorik sonuçları hiçbir şekilde reformcuların fikirlerine veya ilkelerine dayanmamaktadır

no fueron los aspirantes a reformadores universales los que inventaron o descubrieron las conclusiones teóricas de los comunistas

Komünistlerin teorik sonuçlarını icat eden ya da keşfeden evrensel reformcular değildi

Se limitan a expresar, en términos generales, las relaciones reales que surgen de una lucha de clases existente

Yalnızca, genel anlamda, mevcut bir sınıf mücadelesinden kaynaklanan fiili ilişkileri ifade ederler

Y describen el movimiento histórico que está ocurriendo ante nuestros propios ojos y que ha creado esta lucha de clases

Ve bu sınıf mücadelesini yaratan, gözlerimizin önünde devam eden tarihsel hareketi anlatıyorlar

La abolición de las relaciones de propiedad existentes no es en absoluto un rasgo distintivo del comunismo

Mevcut mülkiyet ilişkilerinin ortadan kaldırılması, komünizmin ayırt edici bir özelliği değildir

Todas las relaciones de propiedad en el pasado han estado continuamente sujetas a cambios históricos

Geçmişteki tüm mülkiyet ilişkileri sürekli olarak tarihsel değişime maruz kalmıştır

y estos cambios fueron consecuencia del cambio en las condiciones históricas

Ve bu değişiklikler, tarihsel koşullardaki değişimin sonucuydu

La Revolución Francesa, por ejemplo, abolió la propiedad feudal en favor de la propiedad burguesa

Örneğin Fransız Devrimi, Burjuva mülkiyeti lehine feodal mülkiyeti ortadan kaldırdı

El rasgo distintivo del comunismo no es la abolición de la propiedad, en general

Komünizmin ayırt edici özelliği, genel olarak mülkiyetin kaldırılması değildir.

pero el rasgo distintivo del comunismo es la abolición de la propiedad burguesa

ama komünizmin ayırt edici özelliği, burjuva mülkiyetinin ortadan kaldırılmasıdır

Pero la propiedad privada de la burguesía moderna es la expresión última y más completa del sistema de producción y apropiación de productos

Ancak modern burjuvazinin özel mülkiyeti, ürünleri üretme ve kendine mal etme sisteminin en nihai ve en eksiksiz ifadesidir

Es el estado final de un sistema que se basa en los antagonismos de clase, donde el antagonismo de clase es la explotación de la mayoría por unos pocos

Bu, sınıf karşıtlıklarına dayanan, sınıf karşıtlığının çoğunluğun azınlık tarafından sömürülmesi olduğu bir sistemin son halidir

En este sentido, la teoría de los comunistas puede resumirse en una sola frase; la abolición de la propiedad privada

Bu anlamda, Komünistlerin teorisi tek bir cümlede özetlenebilir; Özel mülkiyetin kaldırılması

A los comunistas se nos ha reprochado el deseo de abolir el derecho de adquirir personalmente la propiedad

Biz Komünistler, kişisel olarak mülk edinme hakkının ortadan kaldırılması arzusuyla kınandık

Se afirma que esta propiedad es el fruto del propio trabajo de un hombre

Bu mülkün bir insanın kendi emeğinin meyvesi olduğu iddia edilir

y se alega que esta propiedad es la base de toda libertad, actividad e independencia personal.

Ve bu mülkün tüm kişisel özgürlük, faaliyet ve bağımsızlığın temeli olduğu iddia ediliyor.

"¡Propiedad ganada con esfuerzo, adquirida por uno mismo, ganada por uno mismo!"

"Zor kazanılmış, kendi kendine kazanılmış, kendi kendine kazanılmış mülk!"
¿Te refieres a la propiedad del pequeño artesano y del pequeño campesino?
Küçük zanaatkârın ve küçük köylünün mülkiyetini mi kastediyorsunuz?
¿Te refieres a una forma de propiedad que precedió a la forma burguesa?
Burjuvazi biçiminden önce gelen bir mülkiyet biçimini mi kastediyorsunuz?
No hay necesidad de abolir eso, el desarrollo de la industria ya lo ha destruido en gran medida
Bunu ortadan kaldırmaya gerek yok, sanayinin gelişmesi onu büyük ölçüde yok etti
y el desarrollo de la industria sigue destruyéndola diariamente
Ve sanayinin gelişmesi hala onu her gün yok ediyor
¿O te refieres a la propiedad privada de la burguesía moderna?
Yoksa modern burjuvazinin özel mülkiyetini mi kastediyorsunuz?
Pero, ¿crea el trabajo asalariado alguna propiedad para el trabajador?
Ama ücretli emek, emekçi için herhangi bir mülkiyet yaratır mı?
¡No, el trabajo asalariado no crea ni una pizca de este tipo de propiedad!
Hayır, ücretli emek bu tür bir mülkiyetin bir parçasını bile yaratmaz!
Lo que sí crea el trabajo asalariado es capital; ese tipo de propiedad que explota el trabajo asalariado
Ücretli emeğin yarattığı şey sermayedir; ücretli emeği sömüren bu tür bir mülkiyet
El capital no puede aumentar sino a condición de engendrar una nueva oferta de trabajo asalariado para una nueva explotación

Sermaye, yeni bir sömürü için yeni bir ücretli emek arzı
yaratma koşulu dışında artamaz

**La propiedad, en su forma actual, se basa en el antagonismo
entre el capital y el trabajo asalariado**

Mülkiyet, bugünkü biçimiyle, sermaye ile ücretli emek
karşıtlığına dayanır

Examinemos los dos lados de este antagonismo

Bu karşıtlığın her iki tarafını da inceleyelim

**Ser capitalista es tener no sólo un estatus puramente
personal**

Kapitalist olmak, yalnızca kişisel bir statüye sahip olmak
değildir

**En cambio, ser capitalista es también tener un estatus social
en la producción**

Bunun yerine, kapitalist olmak aynı zamanda üretimde
toplumsal bir statüye sahip olmaktır

**porque el capital es un producto colectivo; Sólo mediante la
acción unida de muchos miembros puede ponerse en marcha**

çünkü sermaye kolektif bir üründür; Sadece birçok üyenin
birleşik eylemiyle harekete geçirilebilir

**Pero esta acción unida es el último recurso, y en realidad
requiere de todos los miembros de la sociedad**

Ancak bu birleşik eylem son çaredir ve aslında toplumun tüm
üyelerini gerektirir

**El capital se convierte en propiedad de todos los miembros
de la sociedad**

Sermaye, toplumun tüm üyelerinin mülkiyetine dönüştürülür

**pero el Capital no es, por lo tanto, un poder personal; Es un
poder social**

ama Sermaye bu nedenle kişisel bir güç değildir; sosyal bir
güçtür

**Así, cuando el capital se convierte en propiedad social, la
propiedad personal no se transforma en propiedad social**

Demek ki, sermaye toplumsal mülkiyete dönüştürüldüğünde,
kişisel mülkiyet de toplumsal mülkiyete dönüşmez

Lo único que cambia es el carácter social de la propiedad y pierde su carácter de clase
Değişen, yalnızca mülkiyetin toplumsal niteliğidir ve sınıfsal karakterini kaybeder

Veamos ahora el trabajo asalariado
Şimdi ücretli emeğe bakalım

El precio medio del trabajo asalariado es el salario mínimo, es decir, la cantidad de medios de subsistencia
Ücretli emeğin ortalama fiyatı, asgari ücrettir, yani geçim araçlarının miktarıdır

Este salario es absolutamente necesario en la mera existencia de un obrero
Bu ücret, bir işçi olarak çıplak varoluş için kesinlikle gereklidir

Por lo tanto, lo que el asalariado se apropia por medio de su trabajo, sólo basta para prolongar y reproducir una existencia desnuda
Demek ki, ücretli emekçinin emeği aracılığıyla el koyduğu şey, yalnızca, çıplak bir varoluşu uzatmaya ve yeniden üretmeye yeter

De ninguna manera pretendemos abolir esta apropiación personal de los productos del trabajo
Biz, emeğin ürünlerine bu kişisel el koymayı hiçbir şekilde ortadan kaldırmak niyetinde değiliz

una apropiación que se hace para el mantenimiento y la reproducción de la vida humana
insan yaşamının sürdürülmesi ve çoğaltılması için yapılan bir ödenek

Tal apropiación personal de los productos del trabajo no deja ningún excedente con el que ordenar el trabajo de otros
Emek ürünlerine bu şekilde kişisel olarak el konulması, başkalarının emeğine hükmetmek için hiçbir artı değer bırakmaz

Lo único que queremos eliminar es el carácter miserable de esta apropiación
Ortadan kaldırmak istediğimiz tek şey, bu sahiplenmenin sefil karakteridir

la apropiación bajo la cual vive el obrero sólo para aumentar el capital

emekçinin yalnızca sermayeyi artırmak için yaşadığı mülk edinme

Sólo se le permite vivir en la medida en que lo exija el interés de la clase dominante

Sadece egemen sınıfın çıkarları gerektirdiği ölçüde yaşamasına izin verilir

En la sociedad burguesa, el trabajo vivo no es más que un medio para aumentar el trabajo acumulado

Burjuva toplumunda canlı emek, birikmiş emeği artırmanın bir aracından başka bir şey değildir

En la sociedad comunista, el trabajo acumulado no es más que un medio para ampliar, para enriquecer y para promover la existencia del obrero

Komünist toplumda birikmiş emek, emekçinin varlığını genişletmenin, zenginleştirmenin, geliştirmenin bir aracından başka bir şey değildir

En la sociedad burguesa, por lo tanto, el pasado domina al presente

Bu nedenle, burjuva toplumunda geçmiş, bugüne egemendir

en la sociedad comunista el presente domina al pasado

Komünist toplumda şimdiki zaman geçmişe hükmeder

En la sociedad burguesa el capital es independiente y tiene individualidad

Burjuva toplumunda sermaye bağımsızdır ve bireyselliğe sahiptir

En la sociedad burguesa la persona viva es dependiente y no tiene individualidad

Burjuva toplumunda yaşayan kişi bağımlıdır ve bireyselliği yoktur

¡Y la abolición de este estado de cosas es llamada por la burguesía, abolición de la individualidad y de la libertad!

Ve bu durumun ortadan kaldırılması, burjuvazi tarafından, bireyselliğin ve özgürlüğün ortadan kaldırılması denir!

¡Y con razón se llama la abolición de la individualidad y de la libertad!

Ve haklı olarak bireyselliğin ve özgürlüğün kaldırılması denir!

El comunismo aspira a la abolición de la individualidad burguesa

Komünizm, Burjuva bireyselliğinin ortadan kaldırılmasını amaçlar

El comunismo pretende la abolición de la independencia burguesa

Komünizm, burjuvazinin bağımsızlığını ortadan kaldırmayı amaçlamaktadır

La libertad burguesa es, sin duda, a lo que aspira el comunismo

Burjuvazinin özgürlüğü kuşkusuz komünizmin hedeflediği şeydir

en las actuales condiciones de producción de la burguesía, la libertad significa libre comercio, libre venta y compra

Burjuvazinin bugünkü üretim koşullarında özgürlük, serbest ticaret, serbest satış ve satın alma demektir

Pero si desaparece la venta y la compra, también desaparece la libre venta y la compra

Ancak satış ve satın alma ortadan kalkarsa, serbest satış ve satın alma da ortadan kalkar

Las "palabras valientes" de la burguesía sobre la libre venta y compra sólo tienen sentido en un sentido limitado

Burjuvazinin serbest satış ve satın alma hakkındaki "cesur sözleri" ancak sınırlı bir anlamda anlam taşır

Estas palabras tienen significado solo en contraste con la venta y la compra restringidas

Bu kelimelerin yalnızca kısıtlı satış ve satın almanın aksine anlamı vardır

y estas palabras sólo tienen sentido cuando se aplican a los comerciantes encadenados de la Edad Media

ve bu kelimeler ancak Orta Çağ'ın zincire vurulmuş tüccarlarına uygulandığında anlam kazanır

y eso supone que estas palabras incluso tienen un
significado en un sentido burgués
ve bu, bu kelimelerin Burjuva anlamda bir anlamı olduğunu
bile varsayar
pero estas palabras no tienen ningún significado cuando se
usan para oponerse a la abolición comunista de la compra y
venta
ancak bu kelimeler, Komünistlerin alım satımın kaldırılmasına
karşı çıkmak için kullanıldıklarında hiçbir anlam ifade
etmezler
las palabras no tienen sentido cuando se usan para oponerse
a la abolición de las condiciones de producción de la
burguesía
Burjuvazinin üretim koşullarının ortadan kaldırılmasına karşı
çıkmak için kullanılan kelimelerin hiçbir anlamı yoktur
y no tienen ningún sentido cuando se utilizan para oponerse
a la abolición de la propia burguesía
ve Burjuvazinin kendisinin ortadan kaldırılmasına karşı
çıkmak için kullanıldıklarında hiçbir anlamları yoktur
Ustedes están horrorizados de nuestra intención de acabar
con la propiedad privada
Özel mülkiyeti ortadan kaldırma niyetimiz karşısında dehşete
düşüyorsunuz
Pero en la sociedad actual, la propiedad privada ya ha sido
eliminada para las nueve décimas partes de la población
Ancak mevcut toplumunuzda, nüfusun onda dokuzu için özel
mülkiyet zaten ortadan kaldırılmıştır
La existencia de la propiedad privada para unos pocos se
debe únicamente a su inexistencia en manos de las nueve
décimas partes de la población
Azınlık için özel mülkiyetin varlığı, yalnızca nüfusun onda
dokuzunun elinde bulunmamasından kaynaklanmaktadır
Por lo tanto, nos reprochas que pretendamos acabar con una
forma de propiedad
Bu nedenle, bir tür mülkiyeti ortadan kaldırmaya
niyetlenmekle bizi suçluyorsunuz

Pero la propiedad privada requiere la inexistencia de propiedad alguna para la inmensa mayoría de la sociedad
Ancak özel mülkiyet, toplumun büyük çoğunluğu için herhangi bir mülkiyetin var olmamasını gerektirir

En una palabra, nos reprochas que pretendamos acabar con tu propiedad
Tek kelimeyle, mülkünüzü ortadan kaldırmak niyetinde olduğumuz için bizi suçluyorsunuz

Y es precisamente así; prescindir de su propiedad es justo lo que pretendemos
Ve aynen öyle; Mülkünüzü ortadan kaldırmak tam da niyetimiz

Desde el momento en que el trabajo ya no puede convertirse en capital, dinero o renta
Emeğin artık sermayeye, paraya ya da ranta dönüştürülemediği andan itibaren

cuando el trabajo ya no puede convertirse en un poder social capaz de ser monopolizado
Emeğin artık tekelleştirilebilecek bir toplumsal güce dönüştürülemediği zaman

desde el momento en que la propiedad individual ya no puede transformarse en propiedad burguesa
bireysel mülkiyetin artık burjuva mülkiyetine dönüştürülemediği andan itibaren

desde el momento en que la propiedad individual ya no puede transformarse en capital
bireysel mülkiyetin artık sermayeye dönüştürülemediği andan itibaren

A partir de ese momento, dices que la individualidad se desvanece
O andan itibaren bireyselliğin yok olduğunu söylüyorsunuz

Debéis confesar, pues, que por "individuo" no os referimos a otra persona que a la burguesía
Bu nedenle, "birey" derken burjuvaziden başka bir kişiyi kastetmediğinizi itiraf etmelisiniz

Debes confesar que se refiere específicamente al propietario de una propiedad de clase media
İtiraf etmelisiniz ki, özellikle orta sınıf mülk sahibine atıfta bulunur

Esta persona debe, en verdad, ser barrida del camino, y hecha imposible
Bu kişi gerçekten de yoldan çekilmeli ve imkansız hale getirilmelidir

El comunismo no priva a ningún hombre del poder de apropiarse de los productos de la sociedad
Komünizm, hiç kimseyi toplumun ürünlerine el koyma gücünden mahrum etmez

todo lo que hace el comunismo es privarlo del poder de subyugar el trabajo de otros por medio de tal apropiación
Komünizmin yaptığı tek şey, onu, böyle bir temellük yoluyla başkalarının emeğine boyun eğdirme gücünden mahrum etmektir

Se ha objetado que, tras la abolición de la propiedad privada, cesará todo trabajo
Özel mülkiyetin kaldırılmasıyla tüm işlerin sona ereceği itirazı yapılmıştır

y entonces se sugiere que la pereza universal se apoderará de nosotros
Ve daha sonra evrensel tembelliğin bizi ele geçireceği öne sürülüyor

De acuerdo con esto, la sociedad burguesa debería haber ido hace mucho tiempo a los perros por pura ociosidad
Buna göre, burjuva toplumunun uzun zaman önce katıksız tembellik yüzünden köpeklere gitmesi gerekirdi

porque los de sus miembros que trabajan, no adquieren nada
çünkü çalışan üyeleri hiçbir şey elde edemezler

y los de sus miembros que adquieren algo, no trabajan
ve herhangi bir şey elde eden üyeleri çalışmıyor

Toda esta objeción no es más que otra expresión de la tautología

Bu itirazın bütünü, totolojinin bir başka ifadesinden başka bir şey değildir

Ya no puede haber trabajo asalariado cuando ya no hay capital

Sermaye kalmadığında, ücretli emek de olamaz

No hay diferencia entre los productos materiales y los productos mentales

Maddi ürünler ile zihinsel ürünler arasında hiçbir fark yoktur

El comunismo propone que ambos se producen de la misma manera

Komünizm, bunların her ikisinin de aynı şekilde üretildiğini öne sürer

pero las objeciones contra los modos comunistas de producirlos son las mismas

ama Komünist üretim tarzlarına karşı itirazlar aynıdır

para la burguesía, la desaparición de la propiedad de clase es la desaparición de la producción misma

Burjuvazi için sınıf mülkiyetinin ortadan kalkması, üretimin kendisinin ortadan kalkmasıdır

De modo que la desaparición de la cultura de clase es para él idéntica a la desaparición de toda cultura

Bu yüzden sınıf kültürünün ortadan kalkması, onun için tüm kültürün ortadan kalkmasıyla özdeştir

Esa cultura, cuya pérdida lamenta, es para la inmensa mayoría un mero entrenamiento para actuar como una máquina

Kaybından yakındığı bu kültür, büyük çoğunluk için sadece bir makine gibi davranma eğitimidir

Los comunistas tienen la firme intención de abolir la cultura de la propiedad burguesa

Komünistler, burjuva mülkiyet kültürünü ortadan kaldırmaya çok niyetlidirler

Pero no discutan con nosotros mientras apliquen el estándar de sus nociones burguesas de libertad, cultura, ley, etc

Ama burjuvazinin özgürlük, kültür, hukuk vb. kavramlarının standardını uyguladığınız sürece bizimle kavga etmeyin

Vuestras mismas ideas no son más que el resultado de las condiciones de la producción burguesa y de la propiedad burguesa

Sizin fikirleriniz, Burjuva üretiminizin ve Burjuva mülkiyetinizin koşullarının bir sonucudur

del mismo modo que vuestra jurisprudencia no es más que la voluntad de vuestra clase convertida en ley para todos

Tıpkı içtihatlarınızın sınıfınızın iradesinin herkes için bir yasa haline getirilmesi gibi

El carácter esencial y la dirección de esta voluntad están determinados por las condiciones económicas que crea su clase social

Bu iradenin temel niteliği ve yönü, sosyal sınıfınızın yarattığı ekonomik koşullar tarafından belirlenir

El concepto erróneo egoísta que te induce a transformar las formas sociales en leyes eternas de la naturaleza y de la razón

Toplumsal biçimleri doğanın ve aklın ebedi yasalarına dönüştürmenize neden olan bencil yanılgı

las formas sociales que brotan de vuestro actual modo de producción y de vuestra forma de propiedad

mevcut üretim tarzınızdan ve mülkiyet biçiminizden kaynaklanan toplumsal biçimler

relaciones históricas que surgen y desaparecen en el progreso de la producción

Üretimin ilerleyişi içinde yükselen ve kaybolan tarihsel ilişkiler

Este concepto erróneo lo compartes con todas las clases dominantes que te han precedido

Sizden önceki tüm egemen sınıflarla paylaştığınız bu yanılgı

Lo que se ve claramente en el caso de la propiedad antigua, lo que se admite en el caso de la propiedad feudal

Eski mülkiyet söz konusu olduğunda açıkça gördüğünüz şeyi, feodal mülkiyet durumunda kabul ettiğiniz şey

estas cosas, por supuesto, le está prohibido admitir en el caso de su propia forma burguesa de propiedad

bunları elbette kendi Burjuvazi mülkiyet biçiminiz söz konusu olduğunda kabul etmeniz yasaktır

¡Abolición de la familia! Hasta los más radicales estallan ante esta infame propuesta de los comunistas

Ailenin ortadan kaldırılması! Komünistlerin bu rezil önerisine en radikaller bile alevlendi

¿Sobre qué base se asienta la familia actual, la familia Bourgeoisie?

Bugünkü aile, Burjuva ailesi hangi temele dayanmaktadır?

La base de la familia actual se basa en el capital y la ganancia privada

Mevcut ailenin temeli sermaye ve özel kazanca dayanmaktadır

En su forma completamente desarrollada, esta familia sólo existe entre la burguesía

Tamamen gelişmiş biçimiyle bu aile sadece burjuvazi arasında var

Este estado de cosas encuentra su complemento en la ausencia práctica de la familia entre los proletarios

Bu durum, proleterler arasında ailenin pratik yokluğunda tamamlayıcısını bulur

Este estado de cosas se puede encontrar en la prostitución pública

Bu durum halka açık bulunabilir

La familia Bourgeoisie se desvanecerá como algo natural cuando su complemento se desvanezca

Burjuvazi ailesi, tamamlayıcısı ortadan kalktığında doğal olarak ortadan kalkacaktır

y ambos se desvanecerán con la desaparición del capital

Ve bunların her ikisi de sermayenin yok olmasıyla birlikte ortadan kalkacaktır

¿Nos acusan de querer detener la explotación de los niños por parte de sus padres?

Bizi, çocukların ebeveynleri tarafından sömürülmesini durdurmak istemekle mi suçluyorsunuz?

De este crimen nos declaramos culpables

Bu suçu kabul ediyoruz

Pero, dirás, destruimos la más sagrada de las relaciones, cuando reemplazamos la educación en el hogar por la educación social

Ancak, diyeceksiniz ki, ev eğitimini sosyal eğitimle değiştirdiğimizde, en kutsal ilişkileri yok ediyoruz

¿No es también social su educación? ¿Y no está determinado por las condiciones sociales en las que se educa?

Eğitiminiz aynı zamanda sosyal değil mi? Ve bu, eğitim verdiğiniz sosyal koşullar tarafından belirlenmiyor mu?

por la intervención, directa o indirecta, de la sociedad, por medio de las escuelas, etc.

toplumun doğrudan veya dolaylı müdahalesiyle, okullar vb. aracılığıyla.

Los comunistas no han inventado la intervención de la sociedad en la educación

Komünistler, toplumun eğitime müdahalesini icat etmediler

lo único que pretenden es alterar el carácter de esa intervención

Yaparlar, ancak bu müdahalenin karakterini değiştirmeye çalışırlar

y buscan rescatar la educación de la influencia de la clase dominante

Ve eğitimi egemen sınıfın etkisinden kurtarmaya çalışıyorlar

La burguesía habla de la sagrada correlación entre padres e hijos

Burjuvazi, ebeveyn ve çocuğun kutsal birlikteliğinden bahseder

pero esta trampa sobre la familia y la educación se vuelve aún más repugnante cuando miramos a la industria moderna

ama aile ve eğitimle ilgili bu alkış tuzağı, Modern Endüstri'ye baktığımızda daha da hale geliyor

Todos los lazos familiares entre los proletarios son desgarrados por la industria moderna

Proleterler arasındaki tüm aile bağları, modern sanayi tarafından parçalanmıştır

Sus hijos se transforman en simples artículos de comercio e instrumentos de trabajo
Çocukları basit ticaret eşyalarına ve emek araçlarına dönüştürülüyor
Pero vosotros, los comunistas, creáis una comunidad de mujeres, grita a coro toda la burguesía
Ama siz Komünistler bir kadın topluluğu yaratacaksınız, diye bağırıyor tüm Burjuvazi koro halinde
La burguesía ve en su mujer un mero instrumento de producción
Burjuvazi karısını sadece bir üretim aracı olarak görür
Oye que los instrumentos de producción deben ser explotados por todos
Üretim araçlarının herkes tarafından sömürülmesi gerektiğini duyar
Y, naturalmente, no puede llegar a otra conclusión que la de que la suerte de ser común a todos recaerá igualmente en las mujeres
Ve doğal olarak, herkes için ortak olan payın aynı şekilde kadınlara da düşeceğinden başka bir sonuca varamaz
Ni siquiera sospecha que el verdadero objetivo es acabar con la condición de la mujer como meros instrumentos de producción
Asıl meselenin, kadınların salt üretim araçları olarak statüsünü ortadan kaldırmak olduğuna dair en ufak bir şüphesi bile yok
Por lo demás, nada es más ridículo que la virtuosa indignación de nuestra burguesía contra la comunidad de mujeres
Geri kalanlar için, hiçbir şey Burjuvazimizin kadın topluluğuna duyduğu erdemli öfkeden daha gülünç olamaz
pretenden que sea abierta y oficialmente establecida por los comunistas
Komünistler tarafından açıkça ve resmen kurulmuş gibi davranıyorlar

Los comunistas no tienen necesidad de introducir la comunidad de mujeres, ha existido casi desde tiempos inmemoriales

Komünistlerin kadın topluluğunu tanıtmaya ihtiyaçları yoktur, neredeyse çok eski zamanlardan beri var olmuştur

Nuestra burguesía no se contenta con tener a su disposición a las mujeres e hijas de sus proletarios

Burjuvazimiz, proleterlerinin karılarını ve kızlarını emrinde bulundurmakla yetinmez

Tienen el mayor placer en seducir a las esposas de los demás

Birbirlerinin eşlerini baştan çıkarmaktan en büyük zevki alırlar

Y eso sin hablar de las prostitutas comunes

Ve bu sıradan bahsetmek bile değil

El matrimonio burgués es en realidad un sistema de esposas en común

Burjuva evliliği gerçekte ortak bir eş sistemidir

entonces hay una cosa que se podría reprochar a los comunistas

o zaman Komünistlerin muhtemelen kınanabileceği bir şey var

Desean introducir una comunidad de mujeres abiertamente legalizada

Açıkça yasallaştırılmış bir kadın topluluğu oluşturmak istiyorlar

en lugar de una comunidad de mujeres hipócritamente oculta

ikiyüzlü bir şekilde gizlenmiş bir kadın topluluğundan ziyade

la comunidad de mujeres que surgen del sistema de producción

Üretim sisteminden doğan kadın topluluğu

abolid el sistema de producción y abolid la comunidad de mujeres

Üretim sistemini ortadan kaldırırsanız, kadın topluluğunu da ortadan kaldırırsınız

Se suprime la prostitución pública y la prostitución privada

hem kamu fuhuşu kaldırıldı hem de özel

A los comunistas se les reprocha, además, que desean abolir los países y las nacionalidades

Komünistler, ülkeleri ve milliyetleri ortadan kaldırmayı arzulamakla daha da kınanıyorlar

Los trabajadores no tienen patria, así que no podemos quitarles lo que no tienen

Emekçilerin vatanı yok, bu yüzden sahip olmadıkları şeyi onlardan alamayız

El proletariado debe, ante todo, adquirir la supremacía política

Proletarya her şeyden önce siyasal üstünlüğü ele geçirmelidir

El proletariado debe elevarse para ser la clase dirigente de la nación

Proletarya, ulusun önder sınıfı olmak için yükselmelidir

El proletariado debe constituirse en la nación

Proletarya kendisini ulus olarak oluşturmalıdır

es, hasta ahora, nacional, aunque no en el sentido burgués de la palabra

şimdiye kadar, kelimenin Burjuva anlamında olmasa da, kendisi ulusaldır

Las diferencias nacionales y los antagonismos entre los pueblos desaparecen cada día más

Halklar arasındaki ulusal farklılıklar ve uzlaşmaz karşıtlıklar her geçen gün daha da ortadan kalkıyor

debido al desarrollo de la burguesía, a la libertad de comercio, al mercado mundial

Burjuvazinin gelişmesine, ticaret özgürlüğüne, dünya pazarına

a la uniformidad en el modo de producción y en las condiciones de vida correspondientes

üretim tarzında ve buna tekabül eden yaşam koşullarında tekdüzeliğe

La supremacía del proletariado hará que desaparezcan aún más rápidamente

Proletaryanın üstünlüğü onların daha da hızlı yok olmalarına neden olacaktır

La acción unida, al menos de los principales países civilizados, es una de las primeras condiciones para la emancipación del proletariado

En azından önde gelen uygar ülkelerin birleşik eylemi, proletaryanın kurtuluşunun ilk koşullarından biridir

En la medida en que se ponga fin a la explotación de un individuo por otro, también se pondrá fin a la explotación de una nación por otra.

Bir bireyin bir başkası tarafından sömürülmesine son verildiği ölçüde, bir ulusun başka bir ulus tarafından sömürülmesine de son verilecektir.

A medida que desaparezca el antagonismo entre las clases dentro de la nación, la hostilidad de una nación hacia otra llegará a su fin

Ulus içindeki sınıflar arasındaki uzlaşmaz karşıtlık ortadan kalktığı ölçüde, bir ulusun diğerine düşmanlığı da sona erecektir

Las acusaciones contra el comunismo hechas desde un punto de vista religioso, filosófico y, en general, ideológico, no merecen un examen serio

Komünizme karşı dini, felsefi ve genel olarak ideolojik bir bakış açısıyla yapılan suçlamalar ciddi bir incelemeyi hak etmemektedir

¿Se requiere una intuición profunda para comprender que las ideas, puntos de vista y concepciones del hombre cambian con cada cambio en las condiciones de su existencia material?

İnsanın fikirlerinin, görüşlerinin ve kavramlarının, maddi varoluş koşullarındaki her değişiklikle değiştiğini kavramak derin bir sezgi gerektirir mi?

¿No es obvio que la conciencia del hombre cambia cuando cambian sus relaciones sociales y su vida social?

İnsanın toplumsal ilişkileri ve toplumsal yaşamı değiştiğinde bilincinin de değiştiği açık değil midir?

¿Qué otra cosa prueba la historia de las ideas sino que la producción intelectual cambia de carácter a medida que cambia la producción material?

İdealar tarihi, maddi üretimin değiştiği oranda entelektüel üretimin de karakterini değiştirdiğinden başka neyi kanıtlıyor?

Las ideas dominantes de cada época han sido siempre las ideas de su clase dominante

Her çağın egemen fikirleri, her zaman egemen sınıfın fikirleri olmuştur

Cuando se habla de ideas que revolucionan la sociedad, no hace más que expresar un hecho

İnsanlar toplumda devrim yaratan fikirlerden bahsettiklerinde, sadece bir gerçeği ifade ederler

Dentro de la vieja sociedad, se han creado los elementos de una nueva

Eski toplum içinde, yeni bir toplumun unsurları yaratılmıştır

y que la disolución de las viejas ideas sigue el mismo ritmo que la disolución de las viejas condiciones de existencia

ve eski fikirlerin çözülmesinin, eski varoluş koşullarının çözülmesine bile ayak uydurduğunu

Cuando el mundo antiguo estaba en sus últimos estertores, las religiones antiguas fueron vencidas por el cristianismo

Antik dünya son sancılarını yaşarken, eski dinler Hıristiyanlık tarafından alt edildi

Cuando las ideas cristianas sucumbieron en el siglo XVIII a las ideas racionalistas, la sociedad feudal libró su batalla a muerte contra la burguesía revolucionaria de entonces

18. yüzyılda Hıristiyan fikirler rasyonalist fikirlere yenik düştüğünde, feodal toplum o zamanki devrimci burjuvazi ile ölüm kalım savaşına girdi

Las ideas de la libertad religiosa y de la libertad de conciencia no hacían más que expresar el dominio de la libre competencia en el dominio del conocimiento

Din özgürlüğü ve vicdan özgürlüğü fikirleri, yalnızca bilgi alanındaki serbest rekabetin etkisini ifade etti

"Indudablemente", se dirá, "las ideas religiosas, morales, filosóficas y jurídicas se han modificado en el curso del desarrollo histórico"

"Kuşkusuz" denilecektir, "dini, ahlaki, felsefi ve hukuksal fikirler tarihsel gelişim sürecinde değiştirilmiştir"

"Pero la religión, la filosofía de la moral, la ciencia política y el derecho, sobrevivieron constantemente a este cambio"

"Ama din, ahlak, felsefe, siyaset bilimi ve hukuk bu değişimden sürekli kurtuldu"

"También hay verdades eternas, como la Libertad, la Justicia, etc."

"Özgürlük, Adalet vb. gibi ebedi gerçekler de vardır"

"Estas verdades eternas son comunes a todos los estados de la sociedad"

"Bu ebedi gerçekler toplumun tüm devletleri için ortaktır"

"Pero el comunismo suprime las verdades eternas, suprime toda religión y toda moral"

"Ama komünizm ebedi gerçekleri ortadan kaldırır, tüm dinleri ve tüm ahlakı ortadan kaldırır."

"Lo hace en lugar de constituirlos sobre una nueva base"

"Yeni bir zeminde oluşturmak yerine bunu yapıyor"

"Por lo tanto, actúa en contradicción con toda la experiencia histórica pasada"

"Bu nedenle tüm geçmiş tarihsel deneyimlerle çelişiyor"

¿A qué se reduce esta acusación?

Bu suçlama kendini neye indirgiyor?

La historia de toda la sociedad pasada ha consistido en el desarrollo de antagonismos de clase

Tüm geçmiş toplumların tarihi, sınıf karşıtlıklarının gelişmesinden ibarettir

antagonismos que asumieron diferentes formas en diferentes épocas

farklı çağlarda farklı biçimler alan antagonizmalar

Pero cualquiera que sea la forma que hayan tomado, un hecho es común a todas las épocas pasadas

Ancak hangi biçimi almış olurlarsa olsunlar, bir gerçek tüm geçmiş çağlar için ortaktır

la explotación de una parte de la sociedad por la otra

toplumun bir bölümünün diğeri tarafından sömürülmesi

No es de extrañar, pues, que la conciencia social de épocas pasadas se mueva dentro de ciertas formas comunes o ideas generales

Öyleyse, geçmiş çağların toplumsal bilincinin belirli ortak biçimler ya da genel fikirler içinde hareket etmesine şaşmamak gerekir

(y eso a pesar de toda la multiplicidad y variedad que muestra)

(ve bu, sergilediği tüm çokluğa ve çeşitliliğe rağmen)

y éstos no pueden desaparecer por completo sino con la desaparición total de los antagonismos de clase

Ve bunlar, sınıf karşıtlıklarının tamamen ortadan kalkması dışında tamamen ortadan kalkamaz

La revolución comunista es la ruptura más radical con las relaciones tradicionales de propiedad

Komünist devrim, geleneksel mülkiyet ilişkilerinden en radikal kopuştur

No es de extrañar que su desarrollo implique la ruptura más radical con las ideas tradicionales

Gelişiminin geleneksel fikirlerle en radikal kopuşu içermesine şaşmamalı

Pero dejemos de lado las objeciones de la burguesía al comunismo

Ama komünizme karşı burjuvazinin itirazlarını bitirelim

Hemos visto más arriba el primer paso de la revolución de la clase obrera

İşçi sınıfının devrimdeki ilk adımını yukarıda gördük

Hay que elevar al proletariado a la posición de gobernante, para ganar la batalla de la democracia

Proletarya, demokrasi savaşını kazanmak için yönetici konumuna yükseltilmelidir

El proletariado utilizará su supremacía política para arrebatar, poco a poco, todo el capital a la burguesía

Proletarya, siyasi üstünlüğünü, tüm sermayeyi burjuvaziden yavaş yavaş çekip almak için kullanacaktır

centralizará todos los instrumentos de producción en manos del Estado

tüm üretim araçlarını devletin elinde merkezileştirecektir

En otras palabras, el proletariado organizado como clase dominante

Başka bir deyişle, proletarya egemen sınıf olarak örgütlendi

y aumentará el total de las fuerzas productivas lo más rápidamente posible

Ve üretici güçlerin toplamını mümkün olduğu kadar hızlı bir şekilde artıracaktır

Por supuesto, al principio, esto no puede llevarse a cabo sino por medio de incursiones despóticas en los derechos de propiedad

Elbette, başlangıçta, bu, mülkiyet haklarına yönelik despotik saldırılar dışında gerçekleştirilemez

y tiene que lograrse en las condiciones de la producción burguesa

ve bu, burjuvazinin üretim koşullarında gerçekleştirilmelidir

Por lo tanto, se logra mediante medidas que parecen económicamente insuficientes e insostenibles

Bu nedenle, ekonomik olarak yetersiz ve savunulamaz görünen önlemlerle elde edilir

pero estos medios, en el curso del movimiento, se superan a sí mismos

Ancak bu araçlar, hareket sırasında kendilerini aşar

Requieren nuevas incursiones en el viejo orden social

eski toplumsal düzene daha fazla girmeyi gerektirirler

y son ineludibles como medio de revolucionar por completo el modo de producción

ve üretim tarzını tamamen devrimcileştirmenin bir aracı olarak kaçınılmazdırlar

Por supuesto, estas medidas serán diferentes en los distintos países

Bu önlemler elbette farklı ülkelerde farklı olacaktır

Sin embargo, en los países más avanzados, lo siguiente será de aplicación bastante general

Bununla birlikte, en gelişmiş ülkelerde, aşağıdakiler oldukça genel olarak uygulanabilir olacaktır

1. Abolición de la propiedad de la tierra y aplicación de todas las rentas de la tierra a fines públicos.

1. Arazi mülkiyetinin kaldırılması ve tüm arazi kiralarının kamu amaçlarına uygulanması.

2. Un fuerte impuesto progresivo o gradual sobre la renta.

2. Ağır artan oranlı veya kademeli gelir vergisi.

3. Abolición de todo derecho de herencia.

3. Tüm miras hakkının kaldırılması.

4. Confiscación de los bienes de todos los emigrantes y rebeldes.

4. Tüm göçmenlerin ve isyancıların mülklerine el konulması.

5. Centralización del crédito en manos del Estado, por medio de un banco nacional de capital estatal y monopolio exclusivo.

5. Devlet sermayesi ve münhasır tekeli olan bir ulusal banka aracılığıyla kredinin Devletin elinde merkezileştirilmesi.

6. Centralización de los medios de comunicación y transporte en manos del Estado.

6. İletişim ve ulaşım araçlarının Devletin elinde merkezileştirilmesi.

7. Ampliación de fábricas e instrumentos de producción propiedad del Estado

7. Devlete ait fabrikaların ve üretim araçlarının genişletilmesi

la puesta en cultivo de tierras baldías y el mejoramiento del suelo en general de acuerdo con un plan común.

çorak toprakların işlenmesine başlanması ve toprağın genel olarak ortak bir plana uygun olarak ıslah edilmesi.

8. Igual responsabilidad de todos hacia el trabajo

8. Herkesin emeğe karşı eşit sorumluluğu

Establecimiento de ejércitos industriales, especialmente para la agricultura.

Özellikle tarım için sanayi ordularının kurulması.

9. Combinación de la agricultura con las industrias manufactureras

9. Tarımın imalat sanayileri ile birleşimi

Abolición gradual de la distinción entre la ciudad y el campo, por una distribución más equitativa de la población en todo el país.

Kasaba ve kır arasındaki ayrımın kademeli olarak kaldırılması, nüfusun ülke üzerinde daha eşit bir şekilde dağıtılması.

10. Educación gratuita para todos los niños en las escuelas públicas.

10. Devlet okullarındaki tüm çocuklar için ücretsiz eğitim.

Abolición del trabajo infantil en las fábricas en su forma actual

Fabrika işçiliğinin bugünkü biçimiyle ortadan kaldırılması

Combinación de la educación con la producción industrial

Eğitimin endüstriyel üretimle birleşimi

Cuando, en el curso del desarrollo, las distinciones de clase han desaparecido

Gelişme sürecinde sınıf ayrımları ortadan kalktığında

y cuando toda la producción se ha concentrado en manos de una vasta asociación de toda la nación

ve tüm üretim, tüm ulusun geniş bir birliğinin elinde toplandığında

entonces el poder público perderá su carácter político

o zaman kamu gücü siyasi karakterini kaybeder

El poder político, propiamente dicho, no es más que el poder organizado de una clase para oprimir a otra

Siyasal iktidar, doğru bir ifadeyle, bir sınıfın diğerini ezmek için örgütlü iktidarından başka bir şey değildir

Si el proletariado, en su lucha contra la burguesía, se ve obligado, por la fuerza de las circunstancias, a organizarse como clase

Eğer proletarya, burjuvazi ile mücadelesi sırasında, koşulların zoruyla, kendisini bir sınıf olarak örgütlemeye zorlanırsa

si, por medio de una revolución, se convierte en la clase dominante

eğer bir devrim yoluyla kendisini egemen sınıf haline getirirse

y, como tal, barre por la fuerza las viejas condiciones de producción

Ve böylece, eski üretim koşullarını zorla silip süpürür

entonces, junto con estas condiciones, habrá barrido las condiciones para la existencia de los antagonismos de clase y de las clases en general

o zaman, bu koşullarla birlikte, sınıf karşıtlıklarının ve genel olarak sınıfların varoluş koşullarını da ortadan kaldırmış olacaktır

y con ello habrá abolido su propia supremacía como clase.

ve böylece bir sınıf olarak kendi üstünlüğünü ortadan kaldırmış olacaktır.

En lugar de la vieja sociedad burguesa, con sus clases y sus antagonismos de clase, tendremos una asociación

Sınıfları ve sınıf karşıtlıklarıyla eski burjuva toplumunun yerine, bir birliğimiz olacaktır

una asociación en la que el libre desarrollo de cada uno sea la condición para el libre desarrollo de todos

Her birinin özgür gelişiminin, herkesin özgür gelişiminin koşulu olduğu bir birlik

1) Socialismo reaccionario
1) Gerici Sosyalizm

a) Socialismo feudal
a) Feodal Sosyalizm

las aristocracias de Francia e Inglaterra tenían una posición histórica única
Fransa ve İngiltere aristokrasilerinin benzersiz bir tarihsel konumu vardı
se convirtió en su vocación escribir panfletos contra la sociedad burguesa moderna
modern Burjuva toplumuna karşı broşürler yazmak onların mesleği haline geldi
En la Revolución Francesa de julio de 1830 y en la agitación reformista inglesa
Temmuz 1830 Fransız Devrimi'nde ve İngiliz reform ajitasyonunda
Estas aristocracias sucumbieron de nuevo ante el odioso advenedizo
Bu aristokrasiler yine nefret dolu başlangıçlara yenik düştü
A partir de entonces, una contienda política seria quedó totalmente fuera de discusión
O andan itibaren, ciddi bir siyasi yarışma söz konusu değildi
Todo lo que quedaba posible era una batalla literaria, no una batalla real
Mümkün olan tek şey gerçek bir savaş değil, edebi bir savaştı
Pero incluso en el dominio de la literatura, los viejos gritos del período de la restauración se habían vuelto imposibles
Ancak edebiyat alanında bile restorasyon döneminin eski çığlıkları imkansız hale gelmişti
Para despertar simpatías, la aristocracia se vio obligada a perder de vista, aparentemente, sus propios intereses
Sempati uyandırmak için, aristokrasi, görünüşe göre, kendi çıkarlarını gözden kaçırmak zorunda kaldı

y se vieron obligados a formular su acusación contra la
burguesía en interés de la clase obrera explotada
ve burjuvaziye karşı iddianamelerini sömürülen işçi sınıfının
çıkarları için formüle etmek zorunda kaldılar
Así, la aristocracia se vengó cantando sátiras a su nuevo amo
Böylece aristokrasi, yeni efendilerine laflar söyleyerek
intikamını aldı
y se vengaron susurrándole al oído siniestras profecías de
catástrofe venidera
ve yaklaşan felaketin uğursuz kehanetlerini kulaklarına
fısıldayarak intikamlarını aldılar
De esta manera surgió el socialismo feudal: mitad
lamentación, mitad sátira
Bu şekilde Feodal Sosyalizm ortaya çıktı: yarı ağıt, yarı lamba
Sonaba como medio eco del pasado y proyectaba mitad
amenaza del futuro
Geçmişin yarı yankısı olarak çaldı ve geleceğin yarı tehdidi
olarak yansıtıldı
a veces, con su crítica amarga, ingeniosa e incisiva, golpeó a
la burguesía hasta la médula
zaman zaman acı, nükteli ve keskin eleştirileriyle burjuvaziyi
derinden vurdu
pero siempre fue ridículo en su efecto, por su total
incapacidad para comprender la marcha de la historia
moderna
ama modern tarihin ilerleyişini kavrama konusundaki tam
yetersizliği nedeniyle etkisi her zaman gülünçtü
La aristocracia, con el fin de atraer al pueblo hacia ellos,
agitaba la bolsa de limosnas proletaria delante como una
bandera
Aristokrasi, halkı kendilerine toplamak için, proleter sadaka
torbasını bir pankart için salladılar
Pero el pueblo, tan a menudo como se unía a ellos, veía en
sus cuartos traseros los antiguos escudos de armas feudales
Ama halk, sık sık onlara katılır katılmaz, arka taraflarında eski
feodal armalar gördüler

y desertaron con carcajadas ruidosas e irreverentes
ve yüksek sesle ve saygısız kahkahalarla firar ettiler
Un sector de los legitimistas franceses y de la "Joven
Inglaterra" exhibió este espectáculo
Fransız Meşruiyetçilerinin ve "Genç İngiltere"nin bir kesimi bu
gösteriyi sergiledi
los feudales señalaban que su modo de explotación era
diferente al de la burguesía
feodaller, sömürü biçimlerinin burjuvazininkinden farklı
olduğuna dikkat çektiler
Los feudales olvidan que explotaron en circunstancias y
condiciones muy diferentes
Feodalistler, oldukça farklı koşullar ve koşullar altında
sömürdüklerini unutuyorlar
Y no se dieron cuenta de que tales métodos de explotación
ahora son anticuados
Ve bu tür sömürü yöntemlerinin artık modası geçmiş
olduğunu fark etmediler
demostraron que, bajo su gobierno, el proletariado moderno
nunca existió
Onlar, kendi egemenlikleri altında modern proletaryanın
hiçbir zaman var olmadığını gösterdiler
pero olvidan que la burguesía moderna es el vástago
necesario de su propia forma de sociedad
ama modern burjuvazinin kendi toplum biçimlerinin zorunlu
ürünü olduğunu unutuyorlar
Por lo demás, apenas ocultan el carácter reaccionario de su
crítica
Geri kalanı için, eleştirilerinin gerici karakterini pek
gizlemiyorlar
su principal acusación contra la burguesía es la siguiente
Burjuvaziye yönelttikleri başlıca suçlamalar şu şekildedir
bajo el régimen de la burguesía se está desarrollando una
clase social
Burjuva rejimi altında bir sosyal sınıf gelişiyor

Esta clase social está destinada a cortar de raíz el viejo orden de la sociedad

Bu sosyal sınıf, toplumun eski düzenini kökten kesmeye ve dallandırmaya yazgılıdır

Lo que reprochan a la burguesía no es tanto que cree un proletariado

Burjuvaziyi yükselttikleri şey, bir proletarya yaratacak kadar değildir

lo que reprochan a la burguesía es más bien que crea un proletariado revolucionario

Burjuvaziyi örttüğü şey, daha çok, devrimci bir proletarya yaratmasıdır

En la práctica política, por lo tanto, se unen a todas las medidas coercitivas contra la clase obrera

Bu nedenle, siyasi pratikte, işçi sınıfına karşı her türlü zorlayıcı önlemde birleşirler

Y en la vida ordinaria, a pesar de sus frases altisonantes, se inclinan a recoger las manzanas de oro que caen del árbol de la industria

Ve sıradan hayatta, yüksek falutin ifadelerine rağmen, sanayi ağacından düşen altın elmaları almak için eğilirler

y trocan la verdad, el amor y el honor por el comercio de lana, azúcar de remolacha y aguardiente de patata

Yün, pancar-şeker ve patates içkisi ticareti için gerçeği, sevgiyi ve onuru takas ederler

Así como el párroco ha ido siempre de la mano con el terrateniente, así también lo ha hecho el socialismo clerical con el socialismo feudal

Papazın toprak sahibiyle el ele gittiği gibi, Ruhban Sosyalizmi de Feodal Sosyalizmle el ele gitmiştir

Nada es más fácil que dar al ascetismo cristiano un tinte socialista

Hıristiyan çileciliğine sosyalist bir renk vermekten daha kolay bir şey yoktur

¿No ha declamado el cristianismo contra la propiedad privada, contra el matrimonio, contra el Estado?

Hıristiyanlık özel mülkiyete, evliliğe, devlete karşı çıkmadı
mı?

**¿No ha predicado el cristianismo en lugar de estos, la
caridad y la pobreza?**

Hıristiyanlık bunların yerine hayırseverlik ve fakirlik vaaz
etmedi mi?

**¿Acaso el cristianismo no predica el celibato y la
mortificación de la carne, la vida monástica y la Madre
Iglesia?**

Hıristiyanlık, bekarlığı ve bedenin aşağılanmasını, manastır
yaşamını ve Ana Kilise'yi vaaz etmiyor mu?

**El socialismo cristiano no es más que el agua bendita con la
que el sacerdote consagra los ardores del corazón del
aristócrata**

Hıristiyan Sosyalizmi, rahibin aristokratın yürek yakmalarını
kutsadığı kutsal sudan başka bir şey değildir

b) Socialismo pequeñoburgués
b) Küçük-Burjuva Sosyalizmi

La aristocracia feudal no fue la única clase arruinada por la burguesía
Feodal aristokrasi, burjuvazi tarafından mahvedilen tek sınıf değildi
no fue la única clase cuyas condiciones de existencia languidecieron y perecieron en la atmósfera de la sociedad burguesa moderna
varoluş koşulları modern Burjuva toplumunun atmosferinde sıkışıp kalan tek sınıf değildi
Los burgueses medievales y los pequeños propietarios campesinos fueron los precursores de la burguesía moderna
Ortaçağ kentlileri ve küçük köylü mülk sahipleri, modern burjuvazinin öncüleriydi
En los países poco desarrollados, industrial y comercialmente, estas dos clases siguen vegetando una al lado de la otra
Sınaî ve ticarî bakımdan çok az gelişmiş olan ülkelerde, bu iki sınıf hâlâ yan yana bitkisel hayatta
y mientras tanto la burguesía se levanta junto a ellos: industrial, comercial y políticamente
ve bu arada burjuvazi onların yanında ayağa kalkar: endüstriyel, ticari ve politik olarak
En los países donde la civilización moderna se ha desarrollado plenamente, se ha formado una nueva clase de pequeña burguesía
Modern uygarlığın tam olarak geliştiği ülkelerde, yeni bir küçük-burjuvazi sınıfı oluşmuştur
esta nueva clase social fluctúa entre el proletariado y la burguesía
bu yeni sosyal sınıf, proletarya ve burjuvazi arasında dalgalanmaktadır
y siempre se renueva como parte complementaria de la sociedad burguesa

ve Burjuva toplumunun tamamlayıcı bir parçası olarak kendini sürekli yeniliyor

Sin embargo, los miembros individuales de esta clase son constantemente arrojados al proletariado

Ne var ki, bu sınıfın tek tek üyeleri, sürekli olarak proletaryanın içine atılmaktadır

son absorbidos por el proletariado a través de la acción de la competencia

Rekabet eylemi yoluyla proletarya tarafından emilirler

A medida que la industria moderna se desarrolla, incluso ven acercarse el momento en que desaparecerán por completo como sección independiente de la sociedad moderna

Modern sanayi geliştikçe, modern toplumun bağımsız bir kesimi olarak tamamen ortadan kalkacakları anın yaklaştığını bile görüyorlar

Serán reemplazados, en las manufacturas, la agricultura y el comercio, por vigilantes, alguaciles y tenderos

İmalat sanayinde, tarımda ve ticarette onların yerini gözetmenler, icra memurları ve esnaflar alacak

En países como Francia, donde los campesinos constituyen mucho más de la mitad de la población

Köylülerin nüfusun yarısından fazlasını oluşturduğu Fransa gibi ülkelerde

era natural que hubiera escritores que se pusieran del lado del proletariado contra la burguesía

Burjuvaziye karşı proletaryanın yanında yer alan yazarların olması doğaldı

en su crítica al régimen burgués utilizaron el estandarte de la pequeña burguesía campesina

Burjuva rejimini eleştirirken köylü ve küçük burjuvazinin standardını kullandılar

Y desde el punto de vista de estas clases intermedias, toman el garrote de la clase obrera

Ve bu ara sınıfların bakış açısından, işçi sınıfı için sopaları ele alıyorlar

Así surgió el socialismo pequeñoburgués, del que Sismondi era el jefe de esta escuela, no sólo en Francia, sino también en Inglaterra

Böylece, Sismondi'nin bu okulun başkanı olduğu küçük-burjuva sosyalizmi, yalnızca Fransa'da değil, İngiltere'de de ortaya çıktı

Esta escuela del socialismo diseccionó con gran agudeza las contradicciones de las condiciones de producción moderna

Bu sosyalizm okulu, modern üretim koşullarındaki çelişkileri büyük bir keskinlikle inceledi

Esta escuela puso al descubierto las apologías hipócritas de los economistas

Bu okul, iktisatçıların ikiyüzlü özürlerini gözler önüne serdi

Esta escuela demostró, incontrovertiblemente, los efectos desastrosos de la maquinaria y de la división del trabajo

Bu okul, makinelerin ve işbölümünün yıkıcı etkilerini inkar edilemez bir şekilde kanıtladı

Probó la concentración del capital y de la tierra en pocas manos

Sermayenin ve toprağın birkaç elde toplandığını kanıtladı

demostró cómo la sobreproducción conduce a las crisis de la burguesía

aşırı üretimin nasıl burjuva krizlerine yol açtığını kanıtladı

señalaba la ruina inevitable de la pequeña burguesía y del campesino

küçük-burjuvazinin ve köylünün kaçınılmaz yıkımına işaret ediyordu

la miseria del proletariado, la anarquía en la producción, las desigualdades flagrantes en la distribución de la riqueza

proletaryanın sefaleti, üretimdeki anarşi, servetin dağılımındaki haykıran eşitsizlikler

Mostró cómo el sistema de producción lidera la guerra industrial de exterminio entre naciones

Üretim sisteminin, uluslar arasındaki endüstriyel imha savaşına nasıl yol açtığını gösterdi

la disolución de los viejos lazos morales, de las viejas
relaciones familiares, de las viejas nacionalidades
eski ahlaki bağların, eski aile ilişkilerinin, eski milliyetlerin
çözülmesi
Sin embargo, en sus objetivos positivos, esta forma de
socialismo aspira a lograr una de dos cosas
Bununla birlikte, olumlu amaçlarında, sosyalizmin bu biçimi
iki şeyden birini başarmayı amaçlamaktadır
o bien pretende restaurar los antiguos medios de producción
y de intercambio
Ya eski üretim ve değişim araçlarını yeniden kurmayı
hedefliyor
y con los viejos medios de producción restauraría las viejas
relaciones de propiedad y la vieja sociedad
Ve eski üretim araçlarıyla, eski mülkiyet ilişkilerini ve eski
toplumu yeniden kuracaktı
o pretende apretar los medios modernos de producción e
intercambio en el viejo marco de las relaciones de propiedad
ya da modern üretim ve mübadele araçlarını mülkiyet
ilişkilerinin eski çerçevesine sıkıştırmayı amaçlar
En cualquier caso, es a la vez reaccionario y utópico
Her iki durumda da hem gerici hem de ütopiktir
Sus últimas palabras son: gremios corporativos para la
manufactura, relaciones patriarcales en la agricultura
Son sözleri şunlardır: üretim için şirket loncaları, tarımda
ataerkil ilişkiler
En última instancia, cuando los obstinados hechos históricos
habían dispersado todos los efectos embriagadores del
autoengaño
Nihayetinde, inatçı tarihsel gerçekler, kendini aldatmanın tüm
sarhoş edici etkilerini dağıttığında
esta forma de socialismo terminó en un miserable ataque de
lástima
Sosyalizmin bu biçimi sefil bir acıma nöbetiyle sona erdi

c) Socialismo alemán o "verdadero"
c) Alman ya da "Gerçek" Sosyalizm

La literatura socialista y comunista de Francia se originó bajo la presión de una burguesía en el poder
Fransa'nın Sosyalist ve Komünist edebiyatı, iktidardaki bir Burjuvazinin baskısı altında ortaya çıktı

Y esta literatura era la expresión de la lucha contra este poder
Ve bu edebiyat, bu iktidara karşı mücadelenin ifadesiydi

se introdujo en Alemania en un momento en que la burguesía acababa de comenzar su lucha contra el absolutismo feudal
Burjuvazinin feodal mutlakiyetçilikle mücadelesine yeni başladığı bir dönemde Almanya'ya tanıtıldı

Los filósofos alemanes, los aspirantes a filósofos y los beaux esprits, se apoderaron con avidez de esta literatura
Alman filozoflar, müstakbel filozoflar ve beaux espritler bu literatüre hevesle sarıldılar

pero olvidaron que los escritos emigraron de Francia a Alemania sin traer consigo las condiciones sociales francesas
ama yazıların Fransa'dan Almanya'ya göç ettiğini ve Fransız toplumsal koşullarını beraberinde getirmediğini unuttular

En contacto con las condiciones sociales alemanas, esta literatura francesa perdió toda su significación práctica inmediata
Alman toplumsal koşullarıyla temas halinde, bu Fransız edebiyatı tüm dolaysız pratik önemini yitirdi

y la literatura comunista de Francia asumió un aspecto puramente literario en los círculos académicos alemanes
ve Fransa'nın Komünist edebiyatı, Alman akademik çevrelerinde tamamen edebi bir yön kazandı

Así, las exigencias de la primera Revolución Francesa no eran más que las exigencias de la "Razón Práctica"
Bu nedenle, ilk Fransız Devrimi'nin talepleri, "Pratik Aklın" taleplerinden başka bir şey değildi

y la expresión de la voluntad de la burguesía revolucionaria francesa significaba a sus ojos la ley de la voluntad pura

ve devrimci Fransız Burjuvazisinin iradesinin dile getirilmesi, onların gözünde saf irade yasasını ifade ediyordu

significaba la Voluntad tal como estaba destinada a ser; de la verdadera Voluntad humana en general

olması gerektiği gibi İrade'yi ifade ediyordu; genel olarak gerçek insan iradesinin

El mundo de los literatos alemanes consistía únicamente en armonizar las nuevas ideas francesas con su antigua conciencia filosófica

Alman edebiyatçılarının dünyası, yalnızca yeni Fransız fikirlerini eski felsefi vicdanlarıyla uyumlu hale getirmekten ibaretti

o mejor dicho, se anexionaron las ideas francesas sin abandonar su propio punto de vista filosófico

daha doğrusu, kendi felsefi bakış açılarını terk etmeden Fransız fikirlerini ilhak ettiler

Esta anexión se llevó a cabo de la misma manera en que se apropia una lengua extranjera, es decir, por traducción

Bu ilhak, yabancı bir dilin sahiplenildiği şekilde, yani çeviri yoluyla gerçekleşti

Es bien sabido cómo los monjes escribieron vidas tontas de santos católicos sobre manuscritos

Keşişlerin el yazmaları üzerine Katolik Azizlerin aptalca hayatlarını nasıl yazdıkları iyi bilinmektedir

los manuscritos sobre los que se habían escrito las obras clásicas del antiguo paganismo

Eski putperestliğin klasik eserlerinin yazıldığı el yazmaları

Los literatos alemanes invirtieron este proceso con la literatura profana francesa

Alman edebiyatçıları bu süreci saygısız Fransız edebiyatıyla tersine çevirdiler

Escribieron sus tonterías filosóficas bajo el original francés

Felsefi saçmalıklarını Fransızca aslının altına yazdılar

Por ejemplo, debajo de la crítica francesa a las funciones económicas del dinero, escribieron "Alienación de la humanidad"

Örneğin, Fransızların paranın ekonomik işlevlerine yönelik eleştirilerinin altına "İnsanlığın Yabancılaşması"nı yazdılar

debajo de la crítica francesa al Estado burgués escribieron "destronamiento de la categoría de general"

Fransızların Burjuva Devletine yönelik eleştirisinin altına "Genel Kategorisinin Tahttan İndirilmesi" yazdılar

La introducción de estas frases filosóficas en el reverso de las críticas históricas francesas las denominó:

Bu felsefi ifadelerin Fransız tarih eleştirilerinin arkasına girmesi:

"Filosofía de la acción", "Socialismo verdadero", "Ciencia alemana del socialismo", "Fundamentos filosóficos del socialismo", etc

"Eylem Felsefesi", "Gerçek Sosyalizm", "Alman Sosyalizm Bilimi", "Sosyalizmin Felsefi Temeli" vb.

De este modo, la literatura socialista y comunista francesa quedó completamente castrada

Fransız Sosyalist ve Komünist edebiyatı böylece tamamen iğdiş edildi

en manos de los filósofos alemanes dejó de expresar la lucha de una clase con la otra

Alman filozoflarının elinde, bir sınıfın diğeriyle mücadelesini ifade etmekten vazgeçti

y así los filósofos alemanes se sintieron conscientes de haber superado la "unilateralidad francesa"

ve böylece Alman filozoflar "Fransız tek taraflılığının" üstesinden geldiklerinin bilincinde hissettiler

no tenía que representar requisitos verdaderos, sino que representaba requisitos de verdad

Gerçek gereksinimleri temsil etmek zorunda değildi, daha ziyade gerçeğin gereksinimlerini temsil ediyordu

no había interés en el proletariado, más bien, había interés en la Naturaleza Humana

proletaryaya ilgi yoktu, daha ziyade İnsan Doğasına ilgi vardı
**el interés estaba en el Hombre en general, que no pertenece
a ninguna clase y no tiene realidad**
ilgi, genel olarak hiçbir sınıfa ait olmayan ve gerçekliği
olmayan insandaydı
**Un hombre que sólo existe en el brumoso reino de la
fantasía filosófica**
sadece felsefi fantezinin puslu aleminde var olan bir adam
**pero con el tiempo este colegial socialismo alemán también
perdió su inocencia pedante**
ama sonunda bu okul çocuğu Alman Sosyalizmi de bilgiçlik
taslayan masumiyetini kaybetti
**la burguesía alemana, y especialmente la burguesía
prusiana, lucharon contra la aristocracia feudal**
Alman Burjuvazisi ve özellikle Prusya Burjuvazisi feodal
aristokrasiye karşı savaştı
**la monarquía absoluta de Alemania y Prusia también estaba
siendo combatida**
Almanya ve Prusya'nın mutlak monarşisine karşı da mücadele
ediliyordu
**Y a su vez, la literatura del movimiento liberal también se
hizo más seria**
Ve buna karşılık, liberal hareketin edebiyatı da daha ciddi hale
geldi
**Se le ofreció a Alemania la tan deseada oportunidad del
"verdadero" socialismo**
Almanya'nın uzun zamandır arzuladığı "gerçek" sosyalizm
fırsatı sunuldu
**la oportunidad de confrontar al movimiento político con las
reivindicaciones socialistas**
siyasi hareketin karşısına sosyalist taleplerle çıkma fırsatı
**la oportunidad de lanzar los anatemas tradicionales contra el
liberalismo**
Liberalizme karşı geleneksel aforozları fırlatma fırsatı
**la oportunidad de atacar al gobierno representativo y a la
competencia burguesa**

temsili hükümete ve Burjuva rekabetine saldırma fırsatı

Libertad de prensa burguesa, Legislación burguesa, Libertad e igualdad burguesa

Burjuvazi basın özgürlüğü, Burjuvazi yasama, Burjuvazi özgürlüğü ve eşitliği

Todo esto ahora podría ser criticado en el mundo real, en lugar de en la fantasía

Bunların hepsi artık fanteziden ziyade gerçek dünyada eleştirilebilir

La aristocracia feudal y la monarquía absoluta habían predicado durante mucho tiempo a las masas

Feodal aristokrasi ve mutlak monarşi uzun zamandır kitlelere vaaz veriyordu

"El obrero no tiene nada que perder y tiene todo que ganar"

"Emekçinin kaybedecek hiçbir şeyi yoktur ve kazanacak her şeyi vardır"

el movimiento burgués también ofrecía la oportunidad de hacer frente a estos tópicos

Burjuva hareketi de bu basmakalıp sözlerle yüzleşmek için bir şans sundu

la crítica francesa presuponía la existencia de la sociedad burguesa moderna

Fransız eleştirisi, modern burjuva toplumunun varlığını varsayıyordu

Las condiciones económicas de existencia de la burguesía y la constitución política de la burguesía

Burjuvazinin ekonomik varoluş koşulları ve burjuvazinin siyasal kuruluşu

las mismas cosas cuya consecución era el objeto de la lucha pendiente en Alemania

Almanya'da bekleyen mücadelenin amacı olan şeyler

El estúpido eco del socialismo alemán abandonó estos objetivos justo a tiempo

Almanya'nın aptalca sosyalizm yankısı, bu hedefleri tam zamanında terk etti

Los gobiernos absolutos tenían sus seguidores de párrocos, profesores, escuderos y funcionarios
Mutlak hükümetlerin papazları, profesörleri, ülke yaverlerini ve memurlarını takip etmeleri gerekiyordu
el gobierno de la época se enfrentó a los levantamientos de la clase obrera alemana con azotes y balas
zamanın hükümeti, Alman işçi sınıfı ayaklanmalarını dövülerek ve kurşunlarla karşıladı
para ellos este socialismo servía de espantapájaros contra la burguesía amenazadora
onlar için bu sosyalizm, tehditkar Burjuvaziye karşı hoş bir korkuluk işlevi gördü
y el gobierno alemán pudo ofrecer un postre dulce después de las píldoras amargas que repartió
ve Alman hükümeti dağıttığı acı haplardan sonra tatlı bir tatlı sunabildi
este "verdadero" socialismo servía así a los gobiernos como arma para combatir a la burguesía alemana
bu "Gerçek" Sosyalizm, böylece hükümetlere Alman Burjuvazisine karşı savaşmak için bir silah olarak hizmet etti
y, al mismo tiempo, representaba directamente un interés reaccionario; la de los filisteos alemanes
ve aynı zamanda, doğrudan gerici bir çıkarı temsil ediyordu; Alman Filistinlilerininki
En Alemania, la pequeña burguesía es la verdadera base social del actual estado de cosas
Almanya'da küçük-burjuva sınıfı, mevcut durumun gerçek toplumsal temelidir
Una reliquia del siglo XVI que ha ido surgiendo constantemente bajo diversas formas
sürekli olarak çeşitli biçimler altında ortaya çıkan on altıncı yüzyılın bir kalıntısı
Preservar esta clase es preservar el estado de cosas existente en Alemania
Bu sınıfı korumak, Almanya'daki mevcut durumu korumak demektir

La supremacía industrial y política de la burguesía amenaza a la pequeña burguesía con una destrucción segura

Burjuvazinin sınai ve siyasal üstünlüğü, küçük-burjuvaziyi kesin bir yıkımla tehdit etmektedir

por un lado, amenaza con destruir a la pequeña burguesía a través de la concentración del capital

bir yandan, sermayenin yoğunlaşması yoluyla küçük-burjuvaziyi yok etme tehdidinde bulunur

por otra parte, la burguesía amenaza con destruirla mediante el ascenso de un proletariado revolucionario

öte yandan, burjuvazi, devrimci bir proletaryanın yükselişi yoluyla onu yok etmekle tehdit eder

El "verdadero" socialismo parecía matar estos dos pájaros de un tiro. Se extendió como una epidemia

"Gerçek" sosyalizm bu iki kuş vurulmuş gibi görünüyordu. Salgın gibi yayıldı

El manto de telarañas especulativas, bordado con flores de retórica, empapado en el rocío de un sentimiento enfermizo

Spekülatif örümcek ağlarının cübbesi, retorik çiçekleriyle işlenmiş, hastalıklı duyguların çiyiyle demlenmişti

esta túnica trascendental en la que los socialistas alemanes envolvían sus tristes "verdades eternas"

Alman Sosyalistlerinin üzücü "ebedi gerçeklerini" sardıkları bu aşkın cübbe

toda la piel y los huesos, sirvieron para aumentar maravillosamente la venta de sus productos entre un público tan

Tüm deri ve kemik, böyle bir halk arasında mallarının satışını harika bir şekilde artırmaya hizmet etti

Y por su parte, el socialismo alemán reconocía, cada vez más, su propia vocación

Ve Alman Sosyalizmi kendi adına, kendi çağrısını giderek daha fazla kabul etti

estaba llamado a ser el grandilocuente representante de la pequeña burguesía filistea

küçük-burjuva darkafalılığın gösterişli temsilcisi olarak
adlandırıldı

**Proclamaba que la nación alemana era la nación modelo, y
que el pequeño filisteo alemán era el hombre modelo**
Alman ulusunu model ulus ve Alman küçük Filistinli'yi
model insan ilan etti

**A cada maldad malvada de este hombre modelo le daba una
interpretación socialista oculta y superior**
Bu örnek insanın her kötü alçaklığına gizli, daha yüksek,
Sosyalist bir yorum verdi

**esta interpretación socialista superior era exactamente lo
contrario de su carácter real**
bu daha yüksek, Sosyalist yorum, gerçek karakterinin tam
tersiydi

**Llegó al extremo de oponerse directamente a la tendencia
"brutalmente destructiva" del comunismo**
Komünizmin "vahşice yıkıcı" eğilimine doğrudan karşı
çıkmanın en uç noktasına kadar gitti

**y proclamó su supremo e imparcial desprecio de todas las
luchas de clases**
ve tüm sınıf mücadelelerini yüce ve tarafsız bir şekilde
küçümsediğini ilan etti

**Con muy pocas excepciones, todas las publicaciones
llamadas socialistas y comunistas que ahora (1847) circulan
en Alemania pertenecen al dominio de esta literatura sucia y
enervante**
Çok az istisna dışında, şimdi (1847) Almanya'da dolaşan tüm
sözde Sosyalist ve Komünist yayınlar bu ve sinir bozucu
literatürün alanına aittir

2) Socialismo conservador o socialismo burgués
2) Muhafazakar Sosyalizm veya Burjuva Sosyalizmi

Una parte de la burguesía está deseosa de reparar los agravios sociales
Burjuvazinin bir kısmı toplumsal sıkıntıları gidermeyi arzuluyor
con el fin de asegurar la continuidad de la sociedad burguesa
Burjuva toplumunun varlığını sürdürmesini güvence altına almak için
A esta sección pertenecen economistas, filántropos, humanistas
Bu bölüme ekonomistler, hayırseverler, insani yardım görevlileri aittir
mejoradores de la condición de la clase obrera y organizadores de la caridad
İşçi sınıfının durumunu iyileştirenler ve hayırseverlik örgütleyicileri
Miembros de las Sociedades para la Prevención de la Crueldad contra los Animales
Hayvanlara Zulmü Önleme Dernekleri üyeleri
fanáticos de la templanza, reformadores de todo tipo imaginable
Ölçülülük fanatikleri, akla gelebilecek her türden delik ve köşe reformcuları
Esta forma de socialismo, además, ha sido elaborada en sistemas completos
Üstelik, sosyalizmin bu biçimi, tam sistemler halinde işlenmiştir
Podemos citar la "Philosophie de la Misère" de Proudhon como ejemplo de esta forma
Proudhon'un "Philosophie de la Misère"ini bu biçime örnek olarak gösterebiliriz
La burguesía socialista quiere todas las ventajas de las condiciones sociales modernas

Sosyalist burjuvazi, modern toplumsal koşulların tüm avantajlarını istemektedir

pero la burguesía socialista no quiere necesariamente las luchas y los peligros resultantes

ama Sosyalist Burjuvazi bunun sonucunda ortaya çıkan mücadeleleri ve tehlikeleri istemez

Desean el estado actual de la sociedad, menos sus elementos revolucionarios y desintegradores

Toplumun mevcut durumunu, devrimci ve parçalanan unsurları eksiltmek istiyorlar

en otras palabras, desean una burguesía sin proletariado

başka bir deyişle, proletaryasız bir burjuvazi istiyorlar

La burguesía concibe naturalmente el mundo en el que es supremo ser el mejor

Burjuvazi doğal olarak en iyi olmanın en üstün olduğu dünyayı kavrar

y el socialismo burgués desarrolla esta cómoda concepción en varios sistemas más o menos completos

ve Burjuva Sosyalizmi bu rahat anlayışı az çok eksiksiz çeşitli sistemler halinde geliştirir

les gustaría mucho que el proletariado marchara directamente hacia la Nueva Jerusalén social

proletaryanın doğrudan doğruya toplumsal Yeni Kudüs'e yürümesini çok istiyorlar

pero en realidad requiere que el proletariado permanezca dentro de los límites de la sociedad existente

ama gerçekte, proletaryanın mevcut toplumun sınırları içinde kalmasını gerektirir

piden al proletariado que abandone todas sus ideas odiosas sobre la burguesía

proletaryadan, burjuvazi hakkındaki tüm nefret dolu düşüncelerini bir kenara atmasını istiyorlar

hay una segunda forma más práctica, pero menos sistemática, de este socialismo

bu sosyalizmin daha pratik, ama daha az sistematik ikinci bir biçimi daha var

Esta forma de socialismo buscaba despreciar todo movimiento revolucionario a los ojos de la clase obrera

Sosyalizmin bu biçimi, her devrimci hareketi işçi sınıfının gözünde değersizleştirmeye çalışıyordu

Argumentan que ninguna mera reforma política podría ser ventajosa para ellos

Hiçbir siyasi reformun kendilerine herhangi bir fayda sağlayamayacağını savunuyorlar

Sólo un cambio en las condiciones materiales de existencia en las relaciones económicas es beneficioso

Ekonomik ilişkilerde yalnızca maddi varoluş koşullarındaki bir değişiklik yararlıdır

Al igual que el comunismo, esta forma de socialismo aboga por un cambio en las condiciones materiales de existencia

Komünizm gibi, bu sosyalizm biçimi de maddi varoluş koşullarında bir değişikliği savunur

sin embargo, esta forma de socialismo no sugiere en modo alguno la abolición de las relaciones de producción burguesas

Ne var ki, sosyalizmin bu biçimi, hiçbir şekilde burjuvazinin üretim ilişkilerinin ortadan kaldırılması anlamına gelmez

la abolición de las relaciones de producción burguesas sólo puede lograrse mediante una revolución

Burjuvazinin üretim ilişkilerinin ortadan kaldırılması ancak bir devrimle sağlanabilir

Pero en lugar de una revolución, esta forma de socialismo sugiere reformas administrativas

Ancak bir devrim yerine, bu sosyalizm biçimi idari reformlar önerir

y estas reformas administrativas se basarían en la continuidad de estas relaciones

Ve bu idari reformlar, bu ilişkilerin varlığının devamına dayanacaktır

reformas, por lo tanto, que no afectan en ningún aspecto a las relaciones entre el capital y el trabajo

Bu nedenle, sermaye ile emek arasındaki ilişkileri hiçbir
şekilde etkilemeyen reformlar

**en el mejor de los casos, tales reformas disminuyen el costo
y simplifican el trabajo administrativo del gobierno burgués**
en iyi ihtimalle, bu tür reformlar maliyeti düşürür ve Burjuva
hükümetinin idari işlerini basitleştirir

**El socialismo burgués alcanza una expresión adecuada
cuando, y sólo cuando, se convierte en una mera figura
retórica**
Burjuva sosyalizmi, ancak ve ancak sadece bir konuşma şekli
haline geldiği zaman yeterli ifadeye kavuşur

Libre comercio: en beneficio de la clase obrera
Serbest ticaret: işçi sınıfının yararına

Deberes protectores: en beneficio de la clase obrera
Koruyucu görevler: işçi sınıfının yararına

Reforma Penitenciaria: en beneficio de la clase trabajadora
Hapishane Reformu: İşçi Sınıfının Yararına

**Esta es la última palabra y la única palabra seria del
socialismo burgués**
Bu, Burjuva Sosyalizminin son sözü ve ciddi anlamda
söylenen tek sözüdür

**Se resume en la frase: la burguesía es una burguesía en
beneficio de la clase obrera**
Şu cümleyle özetlenir: Burjuvazi, işçi sınıfının yararına bir
Burjuvazidir

3) Socialismo crítico-utópico y comunismo
3) Eleştirel-Ütopik Sosyalizm ve Komünizm

No nos referimos aquí a esa literatura que siempre ha dado voz a las reivindicaciones del proletariado
Burada, proletaryanın taleplerini her zaman dile getirmiş olan literatüre atıfta bulunmuyoruz
esto ha estado presente en todas las grandes revoluciones modernas, como los escritos de Babeuf y otros
bu, Babeuf ve diğerlerinin yazıları gibi her büyük modern devrimde mevcut olmuştur
Las primeras tentativas directas del proletariado para alcanzar sus propios fines fracasaron necesariamente
Proletaryanın kendi amaçlarına ulaşmaya yönelik ilk doğrudan girişimleri zorunlu olarak başarısız oldu
Estos intentos se hicieron en tiempos de excitación universal, cuando la sociedad feudal estaba siendo derrocada
Bu girişimler, feodal toplumun devrildiği evrensel heyecan zamanlarında yapıldı
El entonces subdesarrollado del proletariado llevó a que fracasaran esos intentos
Proletaryanın o zamanki gelişmemiş durumu, bu girişimlerin başarısız olmasına yol açtı
y fracasaron por la ausencia de las condiciones económicas para su emancipación
ve kurtuluşu için ekonomik koşulların yokluğu nedeniyle başarısız oldular
condiciones que aún no se habían producido, y que sólo podían ser producidas por la inminente época de la burguesía
henüz üretilmemiş ve yalnızca yaklaşmakta olan Burjuvazi çağı tarafından üretilebilecek koşullar
La literatura revolucionaria que acompañó a estos primeros movimientos del proletariado tuvo necesariamente un carácter reaccionario

Proletaryanın bu ilk hareketlerine eşlik eden devrimci yazın, zorunlu olarak gerici bir karaktere sahipti

Esta literatura inculcó el ascetismo universal y la nivelación social en su forma más cruda

Bu literatür, evrensel çileciliği ve sosyal seviyelendirmeyi en kaba biçimiyle telkin etti

Los sistemas socialista y comunista, propiamente dichos, surgen en el período temprano no desarrollado

Sosyalist ve Komünist sistemler, doğru bir şekilde adlandırıldığında, gelişmemiş erken dönemde ortaya çıktı

Saint-Simon, Fourier, Owen y otros, describieron la lucha entre el proletariado y la burguesía (ver sección 1)

Saint-Simon, Fourier, Owen ve diğerleri, proletarya ile burjuvazi arasındaki mücadeleyi tanımladılar (bakınız Kısım 1)

Los fundadores de estos sistemas ven, en efecto, los antagonismos de clase

Bu sistemlerin kurucuları, gerçekten de, sınıf karşıtlıklarını görürler

también ven la acción de los elementos en descomposición, en la forma predominante de la sociedad

Ayrıca, çürüyen unsurların eylemini, hakim toplum biçiminde görürler

Pero el proletariado, todavía en su infancia, les ofrece el espectáculo de una clase sin ninguna iniciativa histórica

Ama henüz emekleme aşamasında olan proletarya, onlara herhangi bir tarihsel inisiyatifi olmayan bir sınıf gösterisi sunuyor

Ven el espectáculo de una clase social sin ningún movimiento político independiente

Herhangi bir bağımsız siyasi hareketin olmadığı bir sosyal sınıfın gösterisini görüyorlar

El desarrollo del antagonismo de clase sigue el mismo ritmo que el desarrollo de la industria

Sınıf karşıtlığının gelişmesi, sanayinin gelişmesine ayak uydurur

De modo que la situación económica no les ofrece todavía las condiciones materiales para la emancipación del proletariado

Demek ki, ekonomik durum henüz onlara proletaryanın kurtuluşu için maddi koşulları sunmamaktadır

Por lo tanto, buscan una nueva ciencia social, nuevas leyes sociales, que creen estas condiciones

Bu nedenle, bu koşulları yaratacak yeni bir sosyal bilimin, yeni sosyal yasaların peşinde koşarlar

acción histórica es ceder a su acción inventiva personal

Tarihsel eylem, onların kişisel yaratıcı eylemlerine boyun eğmektir

Las condiciones de emancipación creadas históricamente han de ceder ante condiciones fantásticas

Tarihsel olarak yaratılmış özgürleşme koşulları, fantastik koşullara boyun eğmektir

y la organización gradual y espontánea de clase del proletariado debe ceder ante la organización de la sociedad

Ve proletaryanın tedrici, kendiliğinden sınıf örgütlenmesi, toplumun örgütlenmesine boyun eğecektir

la organización de la sociedad especialmente ideada por estos inventores

Bu mucitler tarafından özel olarak tasarlanan toplumun organizasyonu

La historia futura se resuelve, a sus ojos, en la propaganda y en la realización práctica de sus planes sociales

Gelecek tarih, onların gözünde, toplumsal planlarının propagandasına ve pratik uygulamasına dönüşür

En la formación de sus planes son conscientes de preocuparse principalmente por los intereses de la clase obrera

Onlar, planlarını oluştururken, esas olarak işçi sınıfının çıkarlarını gözetmenin bilincindedirler

Sólo desde el punto de vista de ser la clase más sufriente existe el proletariado para ellos

Proletarya ancak en çok acı çeken sınıf olma açısından onlar için var olur

El estado subdesarrollado de la lucha de clases y su propio entorno informan sus opiniones

Sınıf mücadelesinin gelişmemiş durumu ve kendi çevreleri onların görüşlerini bilgilendirir

Los socialistas de este tipo se consideran muy superiores a todos los antagonismos de clase

Bu tür sosyalistler kendilerini tüm sınıf karşıtlıklarından çok daha üstün görürler

Quieren mejorar la condición de todos los miembros de la sociedad, incluso la de los más favorecidos

Toplumun her üyesinin, hatta en çok tercih edilenlerin bile durumunu iyileştirmek istiyorlar

De ahí que habitualmente atraigan a la sociedad en general, sin distinción de clase

Bu nedenle, sınıf ayrımı yapmaksızın genel olarak topluma hitap etmeyi alışkanlık haline getirirler

Es más, apelan a la sociedad en general con preferencia a la clase dominante

Hayır, egemen sınıfı tercih ederek toplumun geneline hitap ederler

Para ellos, todo lo que se requiere es que los demás entiendan su sistema

Onlara göre, tek gereken başkalarının sistemlerini anlamasıdır

Porque, ¿cómo puede la gente no ver que el mejor plan posible es para el mejor estado posible de la sociedad?

Çünkü insanlar mümkün olan en iyi planın toplumun mümkün olan en iyi durumu için olduğunu nasıl göremezler?

Por lo tanto, rechazan toda acción política, y especialmente toda acción revolucionaria

Bu nedenle, her türlü politik ve özellikle de tüm devrimci eylemleri reddederler

desean alcanzar sus fines por medios pacíficos

amaçlarına barışçıl yollarla ulaşmak isterler

se esfuerzan, mediante pequeños experimentos, que están necesariamente condenados al fracaso

Zorunlu olarak başarısızlığa mahkûm olan küçük deneylerle çabalarlar

y con la fuerza del ejemplo tratan de abrir el camino al nuevo Evangelio social

ve örnek gücüyle yeni sosyal Müjde'nin yolunu açmaya çalışırlar

Cuadros tan fantásticos de la sociedad futura, pintados en un momento en que el proletariado se encuentra todavía en un estado muy subdesarrollado

Proletaryanın hala çok gelişmemiş bir durumda olduğu bir zamanda boyanmış, gelecekteki toplumun bu tür fantastik resimleri

y todavía no tiene más que una concepción fantástica de su propia posición

Ve hala kendi konumu hakkında fantastik bir anlayışa sahiptir

pero sus primeros anhelos instintivos corresponden a los anhelos del proletariado

Ama onların ilk içgüdüsel özlemleri, proletaryanın özlemlerine tekabül eder

Ambos anhelan una reconstrucción general de la sociedad

Her ikisi de toplumun genel olarak yeniden inşası için can atıyor

Pero estas publicaciones socialistas y comunistas también contienen un elemento crítico

Ancak bu Sosyalist ve Komünist yayınlar aynı zamanda eleştirel bir unsur da içermektedir

Atacan todos los principios de la sociedad existente

Mevcut toplumun her ilkesine saldırıyorlar

De ahí que estén llenos de los materiales más valiosos para la ilustración de la clase obrera

Bu nedenle, işçi sınıfının aydınlanması için en değerli malzemelerle doludurlar

Proponen la abolición de la distinción entre la ciudad y el campo, y la familia

Kasaba ve kır arasındaki ayrımın ve aile arasındaki ayrımın kaldırılmasını öneriyorlar

la supresión de la explotación de industrias por cuenta de los particulares

Sanayilerin özel şahıslar hesabına yürütülmesinin kaldırılması

y la abolición del sistema salarial y la proclamación de la armonía social

ve ücret sisteminin kaldırılması ve sosyal uyumun ilan edilmesi

la conversión de las funciones del Estado en una mera superintendencia de la producción

Devletin işlevlerinin salt bir üretim denetimine dönüştürülmesi

Todas estas propuestas, apuntan únicamente a la desaparición de los antagonismos de clase

Bütün bu öneriler, yalnızca sınıf karşıtlıklarının ortadan kalkmasına işaret etmektedir

Los antagonismos de clase estaban, en ese momento, apenas surgiendo

Sınıf karşıtlıkları, o zamanlar, daha yeni yeni ortaya çıkıyordu

En estas publicaciones estos antagonismos de clase se reconocen sólo en sus formas más tempranas, indistintas e indefinidas

Bu yayınlarda, bu sınıf karşıtlıkları yalnızca en eski, belirsiz ve tanımlanmamış biçimleriyle tanınır

Estas propuestas, por lo tanto, son de carácter puramente utópico

Bu nedenle, bu öneriler tamamen ütopik bir karaktere sahiptir

La importancia del socialismo crítico-utópico y del comunismo guarda una relación inversa con el desarrollo histórico

Eleştirel-Ütopik Sosyalizm ve Komünizmin önemi, tarihsel gelişmeyle ters bir ilişki içindedir

La lucha de clases moderna se desarrollará y continuará tomando forma definitiva

Modern sınıf mücadelesi gelişecek ve belirli bir şekil almaya devam edecektir

Esta fantástica posición del concurso perderá todo valor práctico

Yarışmadaki bu harika duruş tüm pratik değerini kaybedecek

Estos fantásticos ataques a los antagonismos de clase perderán toda justificación teórica

Sınıf karşıtlıklarına yönelik bu fantastik saldırılar tüm teorik gerekçelerini yitirecektir

Los creadores de estos sistemas fueron, en muchos aspectos, revolucionarios

Bu sistemlerin yaratıcıları birçok bakımdan devrimciydi

pero sus discípulos han formado, en todos los casos, meras sectas reaccionarias

ama onların müritleri, her durumda, sadece gerici mezhepler oluşturmuşlardır

Se aferran firmemente a los puntos de vista originales de sus amos

Efendilerinin orijinal görüşlerine sıkı sıkıya tutunurlar

Pero estos puntos de vista se oponen al desarrollo histórico progresivo del proletariado

Ama bu görüşler proletaryanın ilerici tarihsel gelişimine karşıdır

Por lo tanto, se esfuerzan, y eso de manera consecuente, por amortiguar la lucha de clases

Bu nedenle, sürekli olarak sınıf mücadelesini köreltmeye çalışırlar

y se esfuerzan constantemente por reconciliar los antagonismos de clase

ve sürekli olarak sınıf karşıtlıklarını uzlaştırmaya çalışırlar

Todavía sueñan con la realización experimental de sus utopías sociales

Hala sosyal ütopyalarının deneysel olarak gerçekleştirilmesini hayal ediyorlar

todavía sueñan con fundar "falansterios" aislados y establecer "colonias domésticas"

hala izole "falansterler" kurmayı ve "Ev Kolonileri" kurmayı
hayal ediyorlar
sueñan con establecer una "Pequeña Icaria": ediciones
duodécimas de la Nueva Jerusalén
Yeni Kudüs'ün duodecimo baskıları olan bir "Küçük İkarya"
kurmayı hayal ediyorlar
y sueñan con realizar todos estos castillos en el aire
Ve tüm bu kaleleri havada gerçekleştirmeyi hayal ediyorlar
se ven obligados a apelar a los sentimientos y a las carteras
de los burgueses
burjuvaların duygularına ve cüzdanlarına hitap etmek
zorunda kalırlar
Poco a poco se hunden en la categoría de los socialistas
conservadores reaccionarios descritos anteriormente
Derece derece, yukarıda tasvir edilen gerici muhafazakar
Sosyalistler kategorisine giriyorlar
sólo se diferencian de ellos por una pedantería más
sistemática
Bunlardan sadece daha sistematik bilgiçlik ile ayrılırlar
y se diferencian por su creencia fanática y supersticiosa en
los efectos milagrosos de su ciencia social
ve sosyal bilimlerinin mucizevi etkilerine olan fanatik ve batıl
inançlarıyla farklılık gösterirler
Por lo tanto, se oponen violentamente a toda acción política
por parte de la clase obrera
Bu nedenle onlar, işçi sınıfının her türlü siyasi eylemine
şiddetle karşı çıkarlar
tal acción, según ellos, sólo puede ser el resultado de una
ciega incredulidad en el nuevo Evangelio
Onlara göre, böyle bir eylem ancak yeni İncil'e körü körüne
inançsızlıktan kaynaklanabilir
Los owenistas en Inglaterra y los fourieristas en Francia,
respectivamente, se oponen a los cartistas y a los reformistas
İngiltere'deki Owenites ve Fransa'daki Fourierciler, Çartistlere
ve "Réformistes"e karşı çıkıyorlar

Posición de los comunistas en relación con los diversos partidos de oposición existentes
Komünistlerin Mevcut Çeşitli Muhalefet Partileri Karşısındaki Konumu

La sección II ha dejado claras las relaciones de los comunistas con los partidos obreros existentes
II. Bölüm, Komünistlerin mevcut işçi sınıfı partileriyle ilişkilerini açıklığa kavuşturmuştur

como los cartistas en Inglaterra y los reformadores agrarios en América
İngiltere'deki Çartistler ve Amerika'daki Tarım Reformcuları gibi

Los comunistas luchan por el logro de los objetivos inmediatos
Komünistler acil hedeflere ulaşmak için savaşırlar

Luchan por la imposición de los intereses momentáneos de la clase obrera
Onlar, işçi sınıfının anlık çıkarlarının dayatılması uğruna mücadele ederler

Pero en el movimiento político del presente, también representan y cuidan el futuro de ese movimiento
Ancak bugünün siyasi hareketinde, aynı zamanda bu hareketin geleceğini temsil eder ve onunla ilgilenirler

En Francia, los comunistas se alían con los socialdemócratas
Fransa'da Komünistler, Sosyal-Demokratlarla ittifak halindedirler

y se posicionan contra la burguesía conservadora y radical
ve kendilerini muhafazakar ve radikal burjuvaziye karşı konumlandırıyorlar

sin embargo, se reservan el derecho de tomar una posición crítica respecto de las frases e ilusiones tradicionalmente transmitidas desde la gran Revolución
bununla birlikte, geleneksel olarak büyük Devrim'den aktarılan ifadeler ve yanılsamalar konusunda eleştirel bir pozisyon alma hakkını saklı tutarlar

En Suiza apoyan a los radicales, sin perder de vista que este partido está formado por elementos antagónicos
İsviçre'de, bu partinin muhalif unsurlardan oluştuğu gerçeğini gözden kaçırmadan Radikalleri destekliyorlar
en parte de los socialistas democráticos, en el sentido francés, en parte de la burguesía radical
kısmen Demokratik Sosyalistlerin, kısmen Fransız anlamında radikal Burjuvazinin
En Polonia apoyan al partido que insiste en la revolución agraria como condición primordial para la emancipación nacional
Polonya'da, ulusal kurtuluşun temel koşulu olarak bir tarım devriminde ısrar eden partiyi destekliyorlar
el partido que fomentó la insurrección de Cracovia en 1846
1846'da Krakov ayaklanmasını kışkırtan parti
En Alemania luchan con la burguesía cada vez que ésta actúa de manera revolucionaria
Almanya'da, ne zaman devrimci bir tarzda hareket etse, burjuvazi ile birlikte savaşırlar
contra la monarquía absoluta, la nobleza feudal y la pequeña burguesía
mutlak monarşiye, feodal yaverşiye ve küçük burjuvaziye karşı
Pero no cesan, ni por un solo instante, de inculcar en la clase obrera una idea particular
Ama işçi sınıfına belirli bir fikri aşılamaktan bir an bile vazgeçmezler
el reconocimiento más claro posible del antagonismo hostil entre la burguesía y el proletariado
Burjuvazi ile proletarya arasındaki düşmanca karşıtlığın mümkün olan en açık şekilde tanınması
para que los obreros alemanes puedan utilizar inmediatamente las armas de que disponen
böylece Alman işçileri ellerindeki silahları hemen kullanabilsinler

las condiciones sociales y políticas que la burguesía debe introducir necesariamente junto con su supremacía
Burjuvazinin üstünlüğüyle birlikte zorunlu olarak ortaya koyması gereken toplumsal ve siyasal koşullar
la caída de las clases reaccionarias en Alemania es inevitable
Almanya'da gerici sınıfların çöküşü kaçınılmazdır
y entonces la lucha contra la burguesía misma puede comenzar inmediatamente
ve o zaman Burjuvazinin kendisine karşı mücadele hemen başlayabilir
Los comunistas dirigen su atención principalmente a Alemania, porque este país está en vísperas de una revolución burguesa
Komünistler dikkatlerini esas olarak Almanya'ya çevirirler, çünkü bu ülke bir burjuva devriminin arifesindedir
una revolución que está destinada a llevarse a cabo en las condiciones más avanzadas de la civilización europea
Avrupa uygarlığının daha ileri koşulları altında gerçekleştirilmesi kaçınılmaz olan bir devrim
y está destinado a llevarse a cabo con un proletariado mucho más desarrollado
Ve çok daha gelişmiş bir proletarya ile gerçekleştirilmesi kaçınılmazdır
un proletariado más avanzado que el de Inglaterra en el XVII y el de Francia en el siglo XVIII
on yedinci yüzyılda İngiltere'ninkinden ve on sekizinci yüzyılda Fransa'nınkinden daha ileri bir proletarya vardı
y porque la revolución burguesa en Alemania no será más que el preludio de una revolución proletaria inmediatamente posterior
ve Almanya'daki Burjuva devrimi, hemen ardından gelen proleter devrimin başlangıcından başka bir şey olmayacağı için
En resumen, los comunistas apoyan en todas partes todo movimiento revolucionario contra el orden social y político existente

Kısacası, Komünistler her yerde, mevcut toplumsal ve siyasal düzene karşı her devrimci hareketi destekler

En todos estos movimientos ponen en primer plano, como cuestión principal en cada uno de ellos, la cuestión de la propiedad

Bütün bu hareketlerde, her birinin önde gelen sorunu olarak mülkiyet sorununu öne çıkarırlar

no importa cuál sea su grado de desarrollo en ese país en ese momento

o sırada o ülkedeki gelişmişlik derecesi ne olursa olsun

Finalmente, trabajan en todas partes por la unión y el acuerdo de los partidos democráticos de todos los países

Son olarak, her yerde tüm ülkelerin demokratik partilerinin birliği ve anlaşması için çalışırlar

Los comunistas desdeñan ocultar sus puntos de vista y sus objetivos

Komünistler görüşlerini ve amaçlarını gizlemeye tenezzül etmezler

Declaran abiertamente que sus fines sólo pueden alcanzarse mediante el derrocamiento por la fuerza de todas las condiciones sociales existentes

Amaçlarına ancak mevcut tüm toplumsal koşulların zorla yıkılmasıyla ulaşılabileceğini açıkça ilan ederler

Que las clases dominantes tiemblen ante una revolución comunista

Egemen sınıflar komünist bir devrim karşısında titresin

Los proletarios no tienen nada que perder más que sus cadenas

Proleterlerin zincirlerinden başka kaybedecek bir şeyleri yoktur

Tienen un mundo que ganar

Kazanacakları bir dünya var

¡TRABAJADORES DE TODOS LOS PAÍSES, UNÍOS!

BÜTÜN ÜLKELERIN EMEKÇILERI, BIRLEŞIN!

www.ingramcontent.com/pod-product-compliance
Lightning Source LLC
Chambersburg PA
CBHW011740020426
42333CB00024B/2977